Ludwig Wittgenstein

On Certainty
论确定性

[奥]路德维希·维特根斯坦——著
G. E. M. 安斯康姆　G. H. 冯·赖特——编
楼巍——译

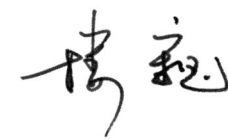

上海文艺出版社

目 录

译者序 1

前言／安斯康姆、冯·赖特 15

论确定性 19

附录：维特根斯坦论确定性／冯·赖特 209

译者序

维特根斯坦的《论确定性》本来不是一本严格意义上的"书"。正如其编辑安斯康姆（G. E. M. Anscombe）和冯·赖特（G. H. von Wright）在前言中指出的，书中的文本是他们从维特根斯坦去世前一年半内写下的若干个手稿中选取出来的。他们认为这些文本讨论的是同一个话题，即关于"确定性"的话题。《论确定性》这个书名，也是编辑取的。本书最初以英德对照版的形式，由布莱克维尔出版社于1969年出版。英译者是丹尼斯·保罗（Denis Paul）和安斯康姆本人。现在这个中译本就是据这个版本（简称"安斯康姆版"）译出的。

国内以前出版的、严格意义上的中译本，其实只有一个，是张金言先生同样根据安斯康姆版译出的，名为《论确实性》。这个中译本由广西师范大学出版社于2002年出版，后被收入河北教育出版社2003年出版的《维特根斯坦全集》的第十卷。

2020年,商务印书馆出版了一套《维特根斯坦文集》,共8卷。最后一卷是《最后的哲学笔记(1950—1951)》,译者是中国人民大学哲学院的刘畅老师。这本书包含了《论确定性》的所有文本,这是因为它是对维特根斯坦最后6个手稿(第172号到177号手稿)的翻译。这6个手稿原来是被编辑们拆分成《论确定性》《论颜色》及《关于心理学哲学的最后著作》第二卷一部分而单独出版的。有兴趣的读者可以去看看这个中译本,它可以被称为"被重新放置到原始手稿中的《论确定性》"。

刘畅曾告诉我"安斯康姆编辑的那一版中有一些错误",他在《最后的哲学笔记》的编译前言中也说"以往的选集在异文的编纂选取上存在许多讹误"。因此,虽然我翻译的是安斯康姆版,但是我将其中的德文与维特根斯坦原始手稿中的文本做了对照。

主要的问题是异文的选择。维特根斯坦的文稿中有很多异文,一般用双斜线("//")分隔开。这些异文之所以是异文,有时是因为它们的用词不一样,有时干脆就是几乎相同的意思被表达得不太一样。之所以有这么多的异文,是因为维特根斯坦在遣词造句方面是个完美主义者。他想要找到那个最好的表达。在存在几个异文的地方,编辑几乎总是选择第一个表达,但照惯例其实应该选择最后一个表达。在对照时,在存在异文的地方,我在大多数情况下也采用了最后一个表达。

因此,虽然本译本是根据安斯康姆版翻译的,但其中一些文本是根据原始手稿翻译过来的,这是首先要向读者朋友说清楚的。要感谢挪威卑尔根大学维特根斯坦档案馆(The Wittgenstein Archives at the University of Bergen)的工作,现在维特根斯坦的所有手稿、打字稿都可以在网上被看到了(https://wab.uib.no/transform/wab.php?modus=opsjoner)。

为了帮助读者理解《论确定性》,我们在正文后面附了一篇文章,冯·赖特写的《维特根斯坦论确定性》("Wittgenstein on Certainty")。

这是一篇旧文,发表于1972年。它详细介绍了摩尔提出的某些常识命题是如何激发了《论确定性》的写作的。文中有一些蛮有创见的说法,比如"逻辑容器"。

为了理解"逻辑容器"这一概念,我们得初步了解一下《论确定性》中的一些看法。

在生活中,我们可以去研究、调查、考察、搞清楚一些事情,比如用光谱分析来搞清楚某种物质的化学成分,或者调查某人在某个时间段有无不在场证明。考察完后,我们可以说我们"知道"这种物质的成分是什么,"知道"某个人那时并不在场。当然,别人(我们自己也一样)可以怀疑第一次光谱分析的结果,怀疑那个不在场证明,于是可以继续考察,过去的结果可以被推翻,新的结果可以产生,但这些活动得有一个终点,最终得有个"真的"或"正确的"结果(否则光谱分析就失去了意义)。在这种情况下,我们得说我们其实"不知道",只是"当时以为自己知道"那些事情。原则上,能被人们有意义地说"我知道"的事情,都可以被有意义地说"我不知道",都可以被有意义地追问"你是怎么知道的?",都可以被有意义地怀疑,都可以被搞清楚到底是怎么样的。

让我们把这些活动统称为"认知活动",虽然这不是一个精确表达。

维特根斯坦认为,为了让这些活动成为可能,为了让"到底是怎么样的"成为可能,为了让真/假、对/错成为可能,得有一个基础(或背景),而这个基础是不能进入认知活动的范围的,因此它不可能被"知道",不可能被"怀疑",不可能被"搞清楚到底是怎么样的",也没有真假。它既不是真的,也不是假的;既不是正确的,也不是错误的。如果真理是"为真的命题",那么这基础就是真理的基础,没有后者,就不可能有前者,甚至没有"真假"这回事。在《论确定性》中,这个基础有时被称为某种前置性的"世界图景"(见《论确定性》第94节,下面将直接给出节数),是一种幕后的、更深沉的东西。

但这个基础并不是铁板一块,其内部是十分多元而异质的。里面有数学命题。我们可以通过验算来搞清楚一个长长的乘法计算到底对不对，但我们会去验算乘法口诀表对不对吗？怎么验算？用另一个乘法口诀表？不能被验算的乘法口诀表就是具有确定性的东西（这就是《论确定性》这个书名的由来），是不能被怀疑，必须保持确定的东西，也是使得计算中的"对/错（正确/不正确）"成为可能的东西。"我之所以有我的世界图景，并不是因为我确信了它是正确的，也不是因为我对其正确性深信不疑。它是那个被继承下来的背景，我借助这个背景来区分真与假。"（第94节）

如果有人怀疑乘法口诀表是错的，或者干脆反对乘法口诀表，那又怎么样？一个受过教育的成年人严肃地坚持"二二得五"，一本正经地宣布"二二得四是错的"，那又怎么样？我们应该不会说他"搞错"了，而是"会认为他精神错乱了"（第155节），也许会觉得自己遇到了和我们根本不一样的人，就像遇到了外星人。

数学命题具有确定性，具有确定性的命题不进入认知活动的范围，"知道""怀疑""证实"（"验算"）它们是不可能的。"如果12乘12等于144这个命题是免于怀疑的，那么非数学命题也一定是这样的。"（第 653 节）《论确定性》引用了摩尔给出的一些非数学命题，摩尔宣布自己"知道"这些命题。这些命题也是具有确定性的。比如举起自己的手并说道"这有一只手"（第 1 节），比如"地球在我出生之前已存在了很久"（第 89 节）。

问问自己，我们能怀疑自己面前"有没有一只手"吗？（"我举起的好像不是一只手。"）如何打消这种怀疑？如何证实"这有一只手"？另一方面，我们怎么知道这有一只手？借助看？在看之前，我们就不知道这有一只手？

地球的情况也一样，我们能怀疑地球在我们出生之前已存在了很久吗？如果不怀疑，那么我们是怎么知道这一点的？通过历史记载？假设有人回答道："在奥斯特里茨战役之后，拿破仑……，这是确定的。那么，地球那时已存在，这也是确定的。"（第 183 节）这是一个冷幽默（维特根斯坦的著作中常出现冷幽默），因为，如果地球那时不存在，又怎么会有拿破仑、奥斯特里茨战役呢？倒不如说，人们为"地球在我们出生之前已存在了很久"给出的所有理据都预设了地球当时的存在,地球当时的存在比人们能给出的任何理据都更确定。因此,人们不能说自己"知道"地球在他们出生之前已存在了很久。"如果他相信的是这种东西,即他能给出的理由并不比他的断言更确定,那么他就不能说他知道他相信的东西。"(第 243 节)人们当然也不能"怀疑"这一点。"我此刻无法想象一个有关地球在过去 100 年间是否存在的合理怀疑。"(第 261 节)

摩尔的错误,在维特根斯坦看来,就是以为这些命题可以进入认知活动的范围,可以被有意义地说"我知道……"。其实它们是具有确定性的东西。在这一点上,它们和乘法口诀表一样,都属于那个幕后的基础或背景,其确定性是(比如)关于地球年龄的一切科学研究的基础。

冯·赖特在其文章中谈到"(心灵之外的)外部对象(原文是"物质性对象")是否存在?"这个古老的哲学问题时,提出"它的存在可以说是所有有关各种独立于心灵的对象之存在的研究得以开展的'逻辑容器'",以及"如果我们认为那些构成这个基础的东西是我们知道的东西，或者是真的，那就是将这些东西放置在那些立于这个基础之上的东西之中了，就是将这个容器视为容器内的另一个对象了。很明显，这是做不到的"（见《维特根斯坦论确定性》），他的意思大致就是这样。一句话，容器内的东西和构成基础的容器是完全不一样的。用维特根斯坦的话说就是："'知识'和'确定性'属于不同的范畴。"（第308节）

但数学命题与非数学命题又有点不一样，人们都学过乘法口诀表，但几乎没人学过自己面前"有一只手"或"地球在他们出生之前已经存在了很久"，没人学过甚至想到过"我的朋友的身体或头脑中没有锯屑"（第281节），就算他们想到过锯屑，也没有想到过其他材料。这既说明基础是隐而不显的，是幕后的东西，也再次说明那些构成基础的、具有确定性的东西是异质而多元的，可以说是随着语言游戏（"语言游戏"是后期维特根斯坦的一个概念，大致可被理解为"与语言交织在一起的实践活动"）的不同而不同的。

因此"基础"是一个极富弹性的概念,但它肯定不是传统知识论意义上那个为其他信念提供终极支撑的"第一知识"之类的东西。

比如,它可以是让认知活动(真/假、对/错)成为可能的东西,因为没有那个保持确定的东西,人们就无法判断命题的真假对错;它可以是如果对其进行怀疑或者搞错了,就会让一切陷入混乱的东西,"怀疑似乎会将一切拽入混乱中"(第613节),错误会"拽倒所有的判断"(第558节);它可以是如果对其进行怀疑或搞错了,就会废黜语言,会让语言的意义消散的东西,"如果我怀疑或者不确定这是不是我的手(不管在什么意义上),那么为什么我不也去怀疑这话的意义呢?"(第456节),"如果有人对任何事实都不确定,那么此人对他的话语的意义也不能确定"(第114节)。

最后这种意义上的基础很重要。如果人们去怀疑具有确定性的东西,那么他们的话语真的有意义吗?我近几年生活在杭州,这是确定的,对此我不可能怀疑,也不可能搞错。如果有一天我身边所有人都怀疑这一点,都对我说:

"你并不生活在杭州,杭州离这里十万八千里。"而且他们的所有行为都表现出我并不生活在这里。那会怎么样?是他们疯了,还是我疯了?或者他们口中的"杭州"不是我理解的那个城市?语言的意义被废黜了。彼此的理解中止了。想象我在生活中处处遇到这样的情况,这无疑是令人毛骨悚然的。

(这说明了有意义的语言是多么的重要,间接也说明了确定性是多么的重要。维特根斯坦曾自问道:"那么我是不是想要说确定性位于语言游戏的本质之中?"(第457节)答案得是:"是的,确定性就位于语言游戏的本质之中。")

在《论确定性》中,还有多种关于"基础"的刻画(比喻成门轴、河床、框架、地基),这里不赘述了。

总之,由各种杂驳的、具有确定性的东西构成的那个基础,是我们无法穷尽地描述的。"我们相信这座巨大的建筑就在这里,我们时而在这里,时而在那里,看到一个个的角落。"(第276节)

它很像维特根斯坦早期哲学中提到的思维

的先天"逻辑",它在某种意义上确实是神秘的(这可能首先是因为我们无法穷尽地描述)。无怪乎维特根斯坦将那些试图描述它的命题称为"神话性的"。"可以将那些描述了这个世界图景的命题称为'神话性的'。"(第95节)

它就像一个幕后的、隐秘的、无形的框架(或枷锁),它提供了框架,但又以这个框架制约着我们;它让我们呼吸,但又让我们只能这样呼吸。

那些具有确定性的东西是既不为真,也不为假的(并不进入认知活动),是无法得到辩护的(它比人们能为之给出的任何理由都更加确定),因而既不是合理的,也不是不合理的,是"某种超越合理和不合理的东西,就好像是某种动物性的东西"(第359节)。

关于翻译,再啰嗦几句。德语词"Satz"的翻译仍是个问题,它既可被译成"命题",也可被译成"句子"。我有时译成"命题"(特别是在提到经验"Satz"、逻辑"Satz"的语境中,因为译成"经验句子"和"逻辑句子"蛮怪的），有时译成"句子"（特别是在某个"Satz"被某人说出来的语境中）。就维特根斯坦后期哲学而言，人们真不必过于计较二者的区别了。

还有书名中的"Gewissheit"（英语是"certainty)。是译成"确定性"，还是"确实性"？支持"确实性"这个译法的人有他们的道理。"我确定他今天会来"，这话中的"确定"，就不是前面谈到的那种具有确定性的东西的"确定"性。前者可以说是"主观的确定性"（第194节），与一个人的信念有关，后者则与公共的语言有关，与"我们的语言游戏的整个系统"（第411节）有关。为了区分，译成"确实性"，当然也可以，不过一个词的意义只有在应用中才能被把握，所以重要的是这个词出现于其中的那些段落、上下文。

《论确定性》是一本深刻而有趣（甚至是风趣）的书，虽然我拙劣的翻译不足以传达其韵味，但它绝对是值得一读的。里面的一些句子，用冯·赖特在《文化与价值》前言中的话说就是，"带有一种引人注目的美感和深刻性"。

最后，我要郑重感谢在德语翻译中给了

我很多帮助的、浙江大学哲学学院的两位老同事——小古（Christopher Gutland）和刘环。

前言

我们在这里出版的东西是维特根斯坦在生命最后一年半时间里写出的。1949 年中期,在诺曼·马尔康姆(Norman Malcolm)的邀请下,他访问了美国,待在马尔康姆在伊萨卡的房子里。马尔康姆重新激发了他对摩尔的《捍卫常识》("Defence of Common Sense")的兴趣,换言之就是对摩尔宣称他确定**知道**的某一些命题的兴趣,比如"这有一只手,这有另一只手",以及"地球在我出生前已存在很久""我从未离开过地球的表面"。其中的第一个命题来自摩尔的《对外部世界的证明》("Proof of the External World"),其余两个则来自他的《捍卫常识》。维特根斯坦对这两个命题的兴趣由来已久,并且曾经对摩尔说过《捍卫常识》是他最好的文章。摩尔表示同意。本书包含了维特根斯坦从那时开始到去世前关于这个话题写的所有东西。

它全都是第一手的材料，他来不及对之进行整理和修订了。

材料由四部分组成，我们在第65条、第192条和第299条那里做了分隔。我们所认为的第一部分写在20页松散的、有横线的公文纸上，没有写作日期。维特根斯坦将它们留在了安斯康姆位于牛津的房子的房间内，维特根斯坦从1950年4月到1951年2月一直住在这里（除去秋天的一次挪威之旅）。在我（安斯康姆）的印象中，他是在维也纳写出这些材料的，他从1949年的圣诞节到1950年3月一直待在那儿。但我现在无法回忆起这种印象的来源了。其余部分都写在小笔记本上，包含写作的日期。一直到结尾，他都给出了写作的日期。他于1951年4月29日去世，最后一个条目写于去世前的两天。我们原原本本地保留了手稿上的日期。不过，每一个单个段落的编号是编辑给出的。

这些笔记并不是维特根斯坦在这段时间写下的唯一的东西。此外，他还写了关于颜色概念的东西，他整理并修订了这份相当可观的材料，进行了大幅的缩减。我们希望不久后出版这样一本书,它包含这份材料,以及《哲学研究》第二部分完成以后的其他材料。

按照其本身来出版这个作品似乎是恰当的。它不是一个选集。在维特根斯坦的笔记中,它是作为一个独立的话题而出现的,在那一年半中,他显然在四个彼此独立的时期讨论了这个话题。它展现了对这个话题的一次单独而持续的处理。

安斯康姆

冯·赖特

论确定性

1. 如果你知道这有一只手[1],那么我们就会向你承认其余的一切。

(人们说这样那样的命题不能被证明,这当然并不意味着它不能从其他命题中被推导出来,每个命题都可以从其他命题中被推导出来。但它们可能并不比它本身更确定。)(对此亨利·纽曼有一个风趣的评论。[2])

2. 在我——或所有人——**看来它是这样**

---

[1] 参见摩尔(G. E. Moore)的《对外部世界的证明》("Proof of an Extrernal World"),载于《英国科学院学报》(*Proceedings of the British Academy*),1939年第25卷;还可见《捍卫常识》,载于《当代英国哲学》(*Comtemporary British Philosophy*)第二辑,1925年,缪尔黑德(J. H. Muirhead)编辑。两篇文章都收入摩尔的《哲学论文》(*Philosophical Papers*, London, George Allen and Unwin, 1959)。——编者注

[2] 参见 Kienzler, W. 2006, "Wittgenstein and John Henry Newman on certainty", *Grazer Philosophische Studien* 71, 117-38。——译者注

的，从中并不能得出它就**是**这样的。

但可以问的是：人们能否有意义地怀疑这一点。

3. 比如，如果某人说"我不知道这有没有一只手"，那么人们可以对他说"再仔细看看"。——这种自我确信的可能性属于语言游戏。是语言游戏的本质特征之一。

4. "我知道我是一个人。"为了看看这个命题的意义有多么不清楚，考虑一下对其的否定吧。人们最有可能将之理解为"我知道我有人类的器官"。（比如一个目前为止没有人看到过的大脑。）但是像"我知道我有一个大脑"这样的命题又怎么样呢？我能怀疑它吗？我没有**怀疑**的理由！所有一切都支持它，没有什么反对它。然而可以设想在一场手术中我的头颅被证明是空的。

5. 一个命题能否事后被证明为假，这取决于这一命题的那些我所接受的判定因素。

6. 那么，人们能否（像摩尔那样）列举他们知道的东西？直接这么做，我相信是不行的。——因为否则"知道"一词就被错误地使用了。通过这种误用，一种奇特而极端重要的心灵状态似乎显示了出来。

7. 我的生活表明了我知道或者确定那里有一把椅子、一扇门，等等。——比如，我对我的朋友说"坐那边那把椅子""关上门"，等等，等等。

8. "知道"这个概念和"确定"这个概念的区别完全没有任何重要性，除了在"我知道"的意思应是"我**不可能**搞错"的地方。

比如，在法庭上，每一个证词中的"我知道"都可以被替换成"我确定"。人们可以设想"我知道"在那里是被禁止的。[《威廉·麦斯特》中有这样一段，在那里，当情况与他当时所知道的不一样的时候，"你知道"或"你当时知道"[1]就是在"你当时确定"的意义上被使

---

[1] 这里的"当时"表示这是过去式。——译者注

用的。]

9. 那么，我在生活中表明了我知道这有一只手（即我的手）?

10. 我知道这里躺着一个病人？一派胡言！我正坐在他的床边，关切地看着他的脸。——那么我不知道这里躺着一个病人？——这个问题和这个陈述都没有意义。就像"我在这里"也没有意义，不过，当合适的场合出现的时候，我随时可以使用它。——那么，是不是除非在一些特定的场合中，否则"2×2=4"也是无意义的并且不是一个真的算术命题呢？"2×2=4"是一个真的算术命题——既不是"在特定的场合"，也不是"一直"——但"2×2=4"这串声音或文字在汉语中可能有另外的意义，或是彻底的胡言乱语，从这里人们可以看到：命题只有在使用中才有意义。在**不恰当**的场合被使用的时候，"我知道这里躺着一个病人"看起来并不是胡言乱语，而是理所当然的，这是因为人们很容易可以为它设想一个恰当的场合，因为人们认为"我知道……"这句话在没有怀疑的地方（因而是在怀疑的表达不可理解的地方）也是恰当的。

11. 人们就是没有看到"我知道"的用法有多么的特别。

12. 因为"我知道……"似乎描述了一个事实，它保证了所知道的东西是事实。人们总是忘记了"当时我以为我知道它"这个表达式。

13. 因为人们不能从另一个人的"我知道它是这样的"这一表达[1]中推论出"它是这样的"这一命题。也无法从这个表达及它并非谎言中推论出这一点。——但我难道不能从我的"我知道它是这样的"这一表达中推论出"它是这样的"吗？的确，从"他知道那有一只手"这个命题中也能得出"那有一只手"。但从他

---

[1] 原文"Äußerung"，这个词不容易翻译。在第 510 节中，我们可以看出，"Äußerung"是一个人说出的一句话，直接给出的一个表达，一般无须验证其真假。——译者注

的"我知道……"这一表达中却不能得出他知道它。

14. 他知道它,这一点必须先被证明。

15. 错误是不可能的,这一点必须被**证明**。"我知道它"这个保证是不够的。因为它毕竟只是关于我(此时)不可能搞错的保证,而**对此**我没有搞错这一点必须是可被**客观地**确立的。

16. "如果我知道一些东西,那么我也知道我知道它,等等"就等于:"我知道它"意味着"对此我不会搞错"。但是,对此我是否不会搞错,这一点必须可被客观地确立。

17. 假设现在我指着一个对象说"这是一本书,对此我不会搞错"。这里的错误看起来会是怎样的?对此我是否有一个**清晰的**想法?

18. "我知道它"经常意味着:对于我的陈述,我有恰当的理由。因此,如果另一个人熟悉这种语言游戏,那么他会承认我知道它。如果另一个人熟悉这种语言游戏,那么他一定能够设想人们是**如何**能够知道这样的东西的。

19. 人们可以这样来继续"我知道这有一只手"这个陈述:"因为它是**我的手**,我正在看着它。"于是一个理性的人不会怀疑我知道这一点。——观念论者也不会怀疑,相反,他会说他关心的并不是一个被排除了的实际的怀疑,而是在这个怀疑**背后**还有一个怀疑。——这是个**幻觉**这一点必须通过其他方式显示出来。

20. "怀疑外部世界的存在"并不意味着比如夫怀疑一颗行星的存在(后来的观察确凿地证实了它的存在)。——或者摩尔想要说的是"这是他的手"这则知识**在种类上**不同于"土星存在"这则知识?否则人们就能向怀疑者指出土星的发现并说它的存在已被证实,因此外部世界的存在也被证实了。

21. 摩尔的看法实际上就等于"知道"这个

概念与"相信""猜测""怀疑""确信"这些概念相似,相似之处就在于"我知道……"这个陈述不可能是一个错误。如果它**是**这样的,那么一个断言的为真就可以从一个表达中被推论出来了。在这里,"当时我以为自己知道"这个形式被忽视了。——但是,如果这[1]是不被容许的,那么这个**断言**中的错误必须是逻辑上不可能的。熟悉这种语言游戏的人必须认识到,某个可靠的人的保证(即他**知道**它)对他毫无帮助。

22. 如果我们必须相信一个说"我不可能搞错"或"我没有搞错"的可靠的人,那么这肯定会是令人惊奇的。

23. 如果我不知道一个人是否有两只手(比如他的手是不是被截掉了),那么,若此人可靠的话,我会相信他关于他有两只手的保证。如果他说他**知道**这一点,那么这对我来说只能意

---

[1] 联系上下文,这个"这"指的应该是"当时我以为自己知道(而实际上不知道)"。——译者注

谓着他能确信这一点，比如他的手臂不再被毯子或绷带遮着，等等。我相信那个可靠的人，这源于我承认他有可能确信这一点。但是，一个说物理对象（也许）不存在的人是不会这样做的[1]。

24. 观念论者的问题会是这样的："我有什么权利不怀疑我的手的存在呢？"（对此的回答不能是："我**知道**它们存在。"）但是，一个这样问的人忽视了一点，那就是关于存在的怀疑只有在一个语言游戏之中才有其位置。因此他忽视了人们必须先问"这样的一个怀疑看起来会是怎样的？"，而不是立刻就理解了它。

25. 关于"这有一只手"，人们甚至也可能搞错。只有在特定的情境中才不可能搞错。——"人们甚至在计算中也可能搞错，——只有在某些情境中，人们才不可能搞错。"

---

[1] 联系上下文，不会做的应当是"承认别人有可能确信物理对象存在"。——译者注

26. 但是，人们能否从某一条**规则**中看出运用计算规则时的错误在哪些情境中是从逻辑上被排除了的？

这样的一条规则对我们又有什么用呢？我们在应用它的时候难道不会（又）搞错吗？

27. 但是，如果人们还是想要为此给出某些规则性的东西，那么其中就会出现"在正常情境中"这个表达式。人们认得这些正常情境，却无法准确描述它们。描述一系列不正常的情境反而更容易些。

28. 什么是"学习一条规则"？——**这个**。
什么是"在应用规则时出错"？——**这个**。这里指的是某种不确定的东西。

29. 使用规则的练习也表明了规则应用中的错误是什么。

30. 如果一个人确信了，那么他会说"是的，计算是对的"，但他并不是从他的确定状态中得出这一点的。人们并不从自身的确定中推论出事实。

确定性**好像是**一种语调，人们用这种语调来断定事实，但人们并不从语调中推论出他们是有根据的。

31. 人们就像被迷住一般一再地回到这些命题，而我想要将它们从哲学语言中剔除出去。

32. 问题并不在于**摩尔**知道这里有一只手，而在于如果他说"对此我当然也会搞错"那么我们将不会理解他。我们会问："这样的错误看起来到底会是怎样的？"——比如，发现它是个错误看起来会是怎样的？

33. 由此我们剔除了那些无法让我们继续前进的命题。

34. 人们教某人计算，人们是否也要教此人他可以信赖老师的计算？但这些解释最终必须有一个终点。人们是否也要教此人他可以相信他的感官？——因为在有些情况下人们确实对他说过在这样那样特殊的情况下我们**不能**相信自己的感官。——

规则和例外。

35. 但人们难道不能设想物理对象不存在吗？我不知道。

而"物理对象存在"是胡说。它该是一个经验命题吗？——"物理对象似乎存在"，**这**是一个经验命题吗？

36. 我们只把"A 是一个物理对象"这则教导给予那些还不理解"A"或"物理对象"的意义的人。因此它是一则关于词语的用法的教导，而"物理对象"是一个逻辑概念（就像颜色、数量……）。这就是"物理对象存在"这一命题不能被形成的原因。

37. 然而，"物理对象存在"是胡说，这是对观念论者（或实在论者）告诉我们的东西的充分回答吗？对他们来说，这句话毕竟不是胡说。但"这个断言或它的反面是一次试图去表达某些不能这样表达的东西的失败尝试"会是一个回答。它失败了，这一点是可以被显示的，但他们的问题仍未结束。人们恰恰必须认识到，作为某个难题或其解答的最初表达出现在我们这里的东西，可能完全不是对其的正确表达。就像一个蛮有理由批评一幅画的人，起初总会在不该提出批评的地方提出批评，为了找到正确的批评点，我们需要一种**研究工作**。

但我们随处都会遇到这种不成功的尝试。

38. 数学中的知识。人们在这里必须总是记住一种"内在事件"或者"内在状态"是不重要的，并且问一问"为什么它得是重要的？它与我有什么关系？"要关注的是我们是如何**使用**这些数学命题的。

39. 人们是**这样**计算的：在这样的情境中人们将一次计算**当作**是绝对可靠、确定正确的。

40. 对于"我知道我的手在这里"，人们可以问问"你是怎么知道的？"，对其的回答预设了**这能够以这样的方式**被知道。不说"我知道我的手在这里"，人们也可以说"我的手在这里"并且补充自己是**如何**知道的。

41. "我知道我在哪里感到疼""我知道我**在这里**感到疼"就像"我知道我疼"一样是错误的。不过，"我知道你摸了我手臂的哪个部位"是正确的。

42. 人们可以说"他相信它，但它并非如此"，但不能说"他知道它，但它并非如此"。这源于相信与知道的心灵状态的区别？不是的。——人们也许可以将"心灵状态"称为由说话的语调、手势等等表达出来的东西。因此，我们**可以**谈到一种确信的心灵状态，无论是知道，还是错误地相信，这状态可以是一样的。主张"相信""知道"这些词必须对应于不同的状态，就像主张"我"这个词和"路德维希"这个名字必须对应于不同的人，因为这两个概念是不一样的。

43. "在 12×12=144 上我们不**可能**算错"是哪种命题？它肯定是一个逻辑命题。——但这样一来它难道不就等于，或者到头来不就等于 12×12=144 吗？

44. 如果你需要一条规则来教会我们在这里不可能算错，那么对此的回答就是：我们并不是通过一条规则，而是通过学习计算而学会这一点的。

45. 我们通过学习计算而学会计算的**本质**。

46. 但是，难道不能去描述我们是如何确信一次计算是可靠的吗？当然可以！但是此时出现的恰恰不是一条规则。——然而，最重要的是：规则是不需要的。我们没有少掉任何东西。我们根据规则计算，这就够了。

47. 人们是**这样**计算的。计算就是**这个**。就是比如我们在学校里学到的东西。忘掉这种超级确定性吧，它与你的精神概念有关。

48. 然而，在一些计算当中，人们可以将其中的一些作为永远可靠的计算而区分出来，将其他的作为尚未确定的计算区分出来。那么这是一个**逻辑的**区分吗？

49. 但请考虑一下：即使这计算对我而言是确定的，这也只是为了某个实践目的而做出的一个决定。

50. 人们什么时候会说"我知道 X 乘 Y 等于 Z"？当他们已经检验完这个计算的时候。

51. "错误在这里看起来到底会是怎样的！"是哪种命题？它想必是一个逻辑命题。但它是一个未被使用的逻辑，因为它教给我们的东西，我们并不是通过命题学会的。——它是一个逻辑命题，因为它确实描述了概念的（语言的）状况。

52. 因此，"距离太阳这么远有一颗行星"和"这有一只手"（即我的手）这两个命题的情况并不一样。人们不能将第二个命题称作假设。但二者之间并不存在明确的界限。

53. 因此，倘若人们这样来解释摩尔，即一个说"这里有个物理对象"的命题和另一个说"这里有块红斑"的命题可以有相似的逻辑地位，那么他们就可以承认他是对的。

54. 因为，并不是从行星的例子到我自己的手的例子，错误变得越来越不可能了。而是在某个点上，错误变得不可设想了。

这已由如下这一点指明，即，若不是这样，那么"我们关于物理对象的**每个**陈述都错了，我们曾经给出的所有陈述都是错的"就是可以设想的。

55. 那么，"我们周围的所有的事物都不存在"这个**假设**可能吗？它难道不就像"我们在所有计算中都算错了"吗？

56. 如果人们说"这颗行星也许不存在，这种光现象是以其他方式产生的",那么人们还是需要一个存在的对象的例子。它不存在,——**就像比如**……

或者人们是否应该说**确定性**只是一个虚构的点,有的东西离它近,有的离它远?不。怀疑逐渐失去了它的意义。语言游戏恰恰就**是**这样的。

凡是对语言游戏的描述都属于逻辑。

57. 那么"我**知道**,而不只是猜测,这是我的手"这个命题难道不能被理解成语法命题吗?因此**不是**时间性的。——

但它不就像"我知道,而不只是猜测,我看到了红色"**这个**命题吗?

"因此物理对象存在"这个结论难道不就像"因此颜色存在"吗?

58. 如果"我知道……"[1] 被理解为语法命题,那么这个"我"自然是不重要的。这实际

---

[1] 这应该是指上文中的"我知道,而不只是猜测,这是我的手"。——译者注

上就意味着"在这个例子中不存在怀疑"或者"'我不知道'这句话在这个例子中没有意义"。从中当然也可以得出"我**知道**"也没有意义。

59. "我知道"在这里是一个**逻辑的**洞察。只是实在论不能借此得到证明。

60. 要说"**这**是一张纸"这个"假设"会被后来的经验证实或证伪，是错的；要说在"我知道这是一张纸"中"我知道"要么与那样的一个假设有关，要么与一个逻辑的规定有关，也是错的。

61. 词语的一种意义就是对其的一种使用。
因为这就是当这个词被并入我们的语言中的时候我们学到的东西。

62. 这就是"意义"和"规则"这两个概念彼此对应的原因。

63. 如果我们设想事实与它们实际所是的不

一样，那么某些语言游戏就会失去重要性，其他的会变得重要起来。语言的词汇的用法以这样的方式逐渐变化。

64. 将一个词的意义比作一个公职人员的"职能"。将"不同的意义"比作"不同的职能"。

65. 如果语言游戏变了，概念也变了，词语的意义也随之改变了。

——

66. 带着不同程度的确定性，我做出关于实在的断言。确定性的程度是如何显示出来的？它有什么结果？

比如，我们处理的可以是记忆的确定性，或者感知的确定性。对我的某些事情，我可能是确定的，但我知道什么检验能证明我错了。比如，我完全确定一场战争发生的年份，但如果我在一部有名的历史著作中发现了另一个年份，那么我会改变我的看法，而且我不会去怀疑所有的判断。

67. 我们能否设想一个总在我们认为错误不可能，并且也不会遇到错误的地方犯错的人？

比如，他会带着和我一样的确定性（以及这种确定性的所有表现）说他生活在某某地方，说他几岁了，来自某某城市，等等，但他是错的。

但他和这种错误的关系是什么呢？我该如何设想？

68. 问题是逻辑学家在这里该说点什么？

69. 我想说："如果我**在此事**上搞错了，那么我就**无法**保证我说的任何东西是真的了。"但另一个人不会这样说我，我也不会这样说另一个人。

70. 我在 A 这个地址住了几个月，无数次地看到了街道的名称和门牌号，在这里收到了无数封信，将这个地址给了无数人。若我在此事上搞错了，那么这个错误的可能性几乎和我（错误地）以为我在写的是汉语而不是德语[1]一样微乎其微。

71. 如果我的朋友有一天想象自己已经在某某地方生活了很久，等等，那么我不会将其称为一个**错误**，而是一种（也许是暂时的）精神紊乱。

72. 并不是每个这种类型的虚假信念都是一个错误。

73. 但是，错误和精神紊乱的区别是什么呢？或者说，我将某个情况视为错误与视为精神紊乱的区别是什么？

74. 人们能否说"一个**错误**不仅有个原因，还有个理由"？这大致就是：它可以被纳入犯错者的正确认识之中。

---

[1] 维特根斯坦的母语是德语。——译者注

75. "如果我只是错误地相信我前面立着一张桌子,那么这仍然可以是一个错误;但如果我错误地相信我几个月来每天都看到这张或一张类似的桌子并经常使用它,那么这就不是一个错误",这个说法对吗?

76. 当然,我的目的必须是说出哪些陈述是人们在这里想要给出,但又不能有意义地给出的。

77. 为了确定起见,我也许会将某个乘法算上两次,也许让别人来验算一下。但我会将其验算二十次,或让二十个人来验算吗?这是某种疏忽吗?二十次验算的确定性真的更大吗?!

78. 我能为它并非如此给出一个**理由**吗?

79. 我是一个男人,而不是一个女人,这一点是可以被验证的,但如果我说我是一个女人,并想用"我没有检验过这个陈述"来解释这个错误,那么这个解释是不会被接受的。

80. 人们用我的陈述的**真**来检验我对这个陈述的**理解**。

81. 换言之：如果我给出了某些错误的陈述，那么我是否理解这些陈述这一点就变得不确定了。

82. 被视为对一个陈述的充分检验的东西，是属于逻辑的。它属于对语言游戏的描述。

83. 某些经验命题的**真**属于我们的参照系统。

84. 摩尔说他**知道**地球在他出生前已存在很久。这样来说的话，这就像一个关于他这个人的陈述，即使除此之外它也是一个关于物理世界的陈述。不过，对于哲学来说，摩尔是否知道这个或那个并不重要，重要的是它能够被知道以及如何能够被知道。如果摩尔告诉我们他知道两颗星星之间的距离，那么我们就可以从中得出这样的结论，即他做了某些特殊的研究，我们会想要知道那是什么研究。但摩尔恰恰选择了这样一个例子,在这个例子中,我们所有人似乎都知道他知道的东西,但没人能说出是如何知道的。比如,就这件事而言(地球的存在),我相信我和摩尔知道的一样多,如果他知道这事如他所说的那样,那么**我**也知道这一点。因为情况并不像是他是从某一条思路(尽管我也可能有这样的思路,但我并未这样想过)中得到他的命题的。

85. 那么,某人是通过什么知道这一点的?也许是历史知识?他必须知道"地球已经存在了这样那样长的时间"是什么意思。因为并不是每个理智的成年人都必须知道这一点。我们看到人们在建造和拆毁房子,被引导去问这样的问题:"这幢房子在这里有多久了?"但人们怎么会想到去问比如"一座山在这里有多久了"这样的问题?是不是所有人都有一个作为**物体**(物体可以出现和消失)的"地球"概念?为什么我不应将地球设想为是平的,只是向各个方向(包括往下)无限延伸?但这样一来人们总还是会说"我知道这座山在我出生前已存在很久"。——但是，如果我遇到一个不相信这一点的人，又怎样呢？

86. 如果用"我不可动摇地（unerschütterlich）确信"来替代摩尔命题中的"我知道"，那又怎样呢？

87. 一个能够作为假设起作用的断言命题难道不能被用作研究和行动的准则吗？换言之，即使不是根据一条明确的规则，难道它不能脱离任何的怀疑吗？它直接被假定为是理所当然的，既不会被质疑，也许从未被说出。

88. 比如，**我们所有的研究工作**可以这样来设置，那就是某些命题（倘若它曾被说出）远离了所有的怀疑。它们远离了研究工作的水流[1]。

89. 人们想要说："地球在我出生前已存在很久，所有一切都支持它，没有什么反对它。"

---

[1] 可参照第 96 节。——译者注

但我难道不能相信其反面吗？但问题在于：这个信念会有什么实际的影响呢？——也许有人会说："问题不在这个。不管一个信念有没有实际的影响，信念就是信念。"人们想的是：不管怎样，它都是人的心灵的相同状态。

90. "我知道"有一种与"我看到"的意义相似且相关的原初意义。（"知道""看见"[1]）。"我当时知道他在房间里，但他那时不在房间里"就类似"我当时看到他在房间里，但他不在那里"。"我知道"应当表达一种关系，不是我和一个命题的意义的关系（就像"我相信"），而是我和一个事实的关系。于是**事实**被收入了我的意识。（这就是人们想说一个人实际上并不**知道**外部世界中发生的东西，而只知道在所谓的感觉材料领域发生的东西的理由。）于是我们有了一幅关于"知道"的图画："知道"就像借助视线[2]（这视线将事件如其所是地投射进眼

---

[1] 原文为拉丁语"videre"。——译者注
[2] 德文为"Sehstrahl"，英译为"visual ray"，一种想象中的表现光从对象到眼睛的路径的线。——译者注

睛和意识）来感知一个外部事件。只是"人们到底能否确定于这种投射"这个问题立刻就出现了。虽然这幅图画显示出了我们是如何**想象**"知道"的,但它并未真正显示出位于这种想象的根基处的东西。

91. 如果摩尔说他知道地球在他出生前已存在很久,那么我们中的大多数人都会同意他说的地球已经存在了那么长的时间,也会相信他确信这一点。但是,对于他的确信,他有恰当的**理由**吗?因为,如果没有理由,那么他还是**不知道**(罗素)。

92. 但人们可以问问:"一个人能否有充分理由相信地球才存在了很短的时间,比如从他出生以来才开始存在?"——假设别人一直是这样对他说的,——他有怀疑这一点的好理由吗?人们曾经相信他们可以造雨,为什么一个国王不应该被教育去相信世界是和他一起开始的呢?如果摩尔和这个国王碰面讨论,摩尔真的能证明他的信念是对的吗?我并不是说摩尔不能将这个国王的看法转变成他的看法，而是说这将是一种十分特殊的转变：国王将会被引导以其他方式来看待这个世界。

记住，有时一个看法的**简单性**或**对称性**会使人们相信这个看法是**正确**的，这也就是说，它们会引导人们转向那个看法。于是人们就会说："它必须是**这样的**。"

93. 那些呈现了摩尔所"**知道**"的东西的命题全都是这样的一个类型：人们很难想象一个人**为什么**要相信它们的反面。

比如"摩尔一生都生活在靠近地球的地方"这个命题。——我在这里也可以不说摩尔而说我自己。有什么能够让我相信其反面呢？要么是回忆，要么是别人对我这样说过。——我看到或听到的一切都让我确信迄今为止没人能远离地球。在我的世界图景中，没有什么东西为其反面说话。

94. 但是，我之所以有我的世界图景，并不是因为我确信了它是正确的，也不是因为我对其正确性深信不疑。它是那个被继承下来的背景，我借助这个背景来区分真与假。

95. 可以将那些描述了这个世界图景的命题称为"神话性的"。它们的角色类似游戏的规则，而人们也可以纯实践地、无须任何明确规则地，学会这个游戏。

96. 可以设想某些具有经验命题之形式的命题固化了，成为那些未固化的、流动的经验命题所流经的管道。这种关系是随着时间的改变而改变的，流动的命题会固化，固定的命题亦会流动起来。

97. 神话可以再次流动起来，思想的河床可以移动。但我要区分开河床上的水的流动和河床的移动，尽管二者之间不存在明确的界限。

98. 但是，如果有人说"那么逻辑也是经验科学"，那么他就错了。不过，"相同的命题有时可被视为用经验来检验的命题，有时可被视为检验的规则"这个说法是对的。

99. 而河岸部分地由坚固的岩石（它们不会变化，或只有不起眼的变化），部分地由沙子（它们有时会在某处被冲走，有时在别处被冲上岸）构成。

100. 摩尔说他知道的那些真理是这样的：大体说来，如果他知道它们，那么我们所有人都知道。

101. 比如，这样的一个命题可以是："我的身体从未消失并在一段时间后重新出现。"

102. 我有一次在不知道的情况下（也许是在无意识状态中）被带离了地球——另外的人知道却没和我说——难道我不能相信这一点吗？但这完全无法与我的其他信念相匹配。并不是我好像能够去描述这些信念构成的那个系统。但我的信念构成了一个系统，一个结构。

103. 那么，如果我说"……是我不可动摇的信念"，那么这也意味着，在我们这个例子中，我并不是有意识地借助某些特定的证据而达到这个信念的，而是这个信念被固定在我所有的**问题和回答**之中，以至于我无法触碰到它。

104. 比如，我也确信太阳不是苍穹中的一个空洞。

105. 对一个假设的所有检验、所有证实和证伪都已发生在一个系统之内。换言之，这个系统并不是我们的所有论据的某个多少有些任意和不可靠的起点，相反，它属于被我们称为"论据"的东西的本质。这个系统与其说是一个起点，不如说是论据的生命元素。

106. 假设一个成人对一个孩子说他曾去过月球。这个孩子将其告诉了我，我说那只是一个玩笑，那个人从未去过月球，没人曾去过月球，月球离我们很远，人们不可能爬上去或者飞上去。——此时，如果这个孩子坚持说：也许有一种让人能够到那儿的方式，你只是不知道而已，等等。——我能怎么回答？某个部落中的成人相信人们有时可以到达月球（也许他们这样来解释他们的梦），他们当然也承认人们不能用通常的方式爬到那里或者飞到那里，对于这样的人，我能怎么回答呢？——但一般说来孩子不会坚持那样的信念，而是很快会被我们严肃地告诉他的东西所说服。

107. 这难道不完全就像人们能教孩子相信上帝或上帝不存在，并且能视情况为一个或另一个信念提供貌似充分的理由吗？

108. "但这样一来就没有客观真理了吗？有人曾去过月球，这一点难道不是或真或假的吗？"如果我们在我们的系统内思考，那么很确定目前为止没人去过月球。不只是从未有过任何理性的人向我们严肃地报告过这样的事情，而是我们的整个物理系统都禁止我们相信这一点。因为这需要回答"他如何克服地球引力？""他如何能够在没有大气的地方生存？"

以及上千个无法回答的其他问题。但假设我们遇到的不是所有这些回答，而是"我们不知道人们是**如何**到达月球的，但那些到达那里的人立刻就知道他们在那里了，即使你也不能解释一切啊"，那又怎样呢？我们会觉得自己和一个这样说的人在思想上离得很远。

109.（我们说）"一个经验命题是可以**被验证**的"。但如何验证？通过什么来验证？

110. 什么**被当作**对其的验证？——"但这是一个**充分的**验证吗？如果是这样，那么它难道不是必须在逻辑中也被认为是这样的吗？"——就好像理由有时没有一个终点似的。但终点并不是无理由的前提，而是无理由的行为方式。

111. "我**知道**我从未去过月球。"——在实际情境中，这句话听起来完全不同于这句话在有些人曾去过月球，且或许一些人并不自知的情况下听起来的样子。在**这样的**例子中，人们可以为这则知识提供理由。这里难道不存在一种与乘法的一般规则和某些已执行的乘法运算之间的关系相类似的关系吗?

我想说:对我来说,我以前从未到过月球这一点与我能为其提供的任何一个理由一样确定。

112. 当摩尔说他**知道**所有那些东西的时候,他想要说的难道不就是这个吗?——但是,重点真的是他知道它,而不是某些这样的命题对我们而言必须保持确定吗?

113. 一个人想要教我们数学,如果他从保证他**知道** a+b=b+a 开始,那么这会是十分奇怪的。

114. 如果有人对任何事实都不确定,那么此人对他的话语的意义也不能确定。

115. 如果有人想要怀疑一切,那么此人将什么也不能怀疑。怀疑的游戏本身就预设了确定性。

116. 不说"我知道……",摩尔难道不能说"对我来说确定的是……"吗?他还可以说"对我和很多其他人来说确定的是……"

117. 为什么我不能去怀疑我从未去过月球?我怎样才能试图去这样做?

首先,在我看来,我也许曾去过那里这个假设是**空转的**。从中得不出任何东西,它也无法解释任何东西。在我的生活中,没有什么东西与它关联着。

如果我说"没有什么支持它,所有一切都反对它",那么这已经预设了一种支持和反对的准则。换言之,我必须能够说出什么**会支持**它。

118. 那么,"到目前为止没人曾打开我的头颅来看看里面是否有个大脑,但是,人们会在那里找到一个大脑,所有一切都支持这一点,没有什么是反对它的",这样说对吗?

119. 但是,人们是否也可以说"这里这张桌子在没人看它的时候也存在,没有什么反对这一点，所有一切都支持它"？支持它的到底是什么呢？

120. 但是，如果一个人怀疑这一点，他的怀疑如何在实践中表现出来呢？难道我们不能放心地让他去怀疑吗？因为这根本不会带来任何区别。

121. 人们能否说"在没有怀疑的地方，也没有知识"？

122. 难道怀疑不需要理由吗？

123. 无论我往何处看，我都找不到怀疑……的理由。

124. 我想要说：我们将判断作为判断的准则。

125. 如果一个盲人问我"你有两只手吗？"，那么我不会借助看来确定这一点。如果我对此有怀疑，那么我不知道为什么我要相信我的眼睛。为什么我不该用我是否看到我的两只手来检验我的**眼睛**呢？用**什么**来检验**什么**呢？！（谁来决定什么是确定的呢？）

"如此这般的东西是确定的"，这话是什么意思？

126. 我对我的话语的意义并不比对某些判断更为确定。我能否怀疑这个颜色叫"蓝色"？

（我的）怀疑构成了一个系统。

127. 因为我怎么知道一个人在怀疑？我怎么知道他和我在相同意义上使用"我怀疑这个"这句话？

128. 从孩提时代开始，我就学会了这样判断。**这就是**判断。

129. 我是这样学会判断的。我学会知道**这**就是判断。

130. 但难道不是经验教会我们**这样**判断的吗？换言之就是这样判断是对的。但经验是如何**教会**我们这一点的呢？**我们**可以从经验中得出这一点，但经验并没有劝我们从经验中得出什么东西。如果它是我们这样判断的**理由**（而不仅仅是原因），那么我们还是没有将其视为理由的理由。

131. 不，经验不是我们的判断的游戏[1]的理由。经验那令人瞩目的成就也不是。

132. 人们曾判断国王能够造雨，**我们**说这违背所有的经验。今天的人们判断飞机、广播等等是拉近人们距离和文化传播的工具。

133. 在日常情境中，我并不是通过察看来确信我有两只手的。**为什么**不是这样？是不是经验证明这是不必要的？或者（再一次地）：我们是否以某种方式学会了一种普遍的归纳原

---

1 作判断当然也是一种语言游戏。——译者注

则？而我们在这里也相信这归纳原则？——但我们为什么要先学会了**一种普遍的**原则，而不是立刻学会特殊的呢？[1]

134. 如果我将一本书放入一个抽屉，那么我就假定它在里面，除非……"经验总是证明我是对。尚未出现过被充分证实的'一本书（直接）消失'这种情况。"尽管我们曾以为自己确切知道一本书在哪里，但却再也找不到它了，这样的情况**经常**出现。——但经验确实教会我们一本书比如不会消失不见。（比如不会逐渐蒸发掉。）——然而，是不是与书有关的经验等等让我们假定书并没有消失？那么，假设我们发现在某些新奇的情境中书消失了，——难道我们不会改变我们的假定吗？人们能不能否认经验对我们的假说系统的影响？

135. 但难道我们不就是在遵从"**经常**发生的事情还会再次发生（或类似的东西）"这条准

---

[1] 可见第 499 节。——译者注

则吗？——遵从这条准则是什么意思？它是我们的思考的一部分？或者它只是我们的推理貌似遵从的**自然法则**？可能是后者。这不在我们的考虑之内。

136. 当摩尔说他**知道**这样那样的东西的时候，他实际上在列举一些纯然的经验命题，我们无须特别验证就会肯定这些命题，也就是说它们在我们的经验命题的系统中扮演着一个奇特的逻辑角色。

137. 即使最可信的人向我保证他**知道**情况是如此这般的，光有这个并不能使我确信他知道这一点，而只是他相信自己知道这一点。这就是为什么摩尔的保证（他知道……）不让我们感兴趣的原因。但是，那些作为被知道的真理的例子而被摩尔列举出来的命题确实是有趣的。不是因为某人知道它们为真，或者相信自己知道它们，而是因为它们都在我们的经验判断系统中扮演着**类似的**角色。

138. 比如，我们并不是借助研究而得到它们中的任何一个命题的。

有历史的研究，有关于地球的形状及年龄的研究，但没有关于地球在过去 100 年间是否已经存在这样的研究。当然，我们中的很多人都从我们的父母和祖父母那里得到过关于这段时间的信息，但他们会搞错吗？——"一派胡言，"人们会说，"怎么会所有这些人都搞错！"但这是一个论证吗？它难道不只是驳回了一个看法吗？也许是一种概念的界定？因为，如果我在这里谈到了一种可能的错误，那么这会改变"错误"和"真理"在我们的生活中扮演的角色。

139. 为了建立一种实践，规则是不够的，人们还需要例子。我们的规则留了后门，实践必须自己为自己说话。

140. 我们并不是靠学习规则来学会经验判断的实践的。别人教给我们**判断**，以及这些判断与其他判断的联系。让我们信服的是**一整个**

判断的系统。

141. 当我们开始**相信**一些东西的时候，我们相信的不是一个单个的命题，而是一个由命题构成的系统。（光逐渐照亮全体。）

142. 我所理解的不是单个的公理，而是一个系统，结果和前提在这里**相互**支撑着。

143. 比如，别人向我叙述某人在多年前曾登上这座山。那么我是不是总要去研究叙述者是否可靠以及这座山多年前是否存在？比起别人告诉他的那些事实，一个孩子很晚才学到有可靠和不可靠的叙述者这回事。他**根本不会**学到那座山已经存在很多年，换言之，这座山是否已经存在很多年这个问题根本不会出现。可以说他将这个结论和他学到的**东西**一起吞了下去。

144. 孩子学会相信很多东西。换言之，他学会根据这些信念而行动。这些信念逐渐形成了一个信念的系统，其中有一些东西是牢牢固定的，另一些多少是可以移动的。那些固定的东西之所以固定，并不是因为它本身就是显而易见或明白易懂的，而是围绕着它的东西让它保持固定。

145. 人们会说"我**所有的**经验都表明它是这样的"。但它们是如何做到这一点的呢？因为经验所指向的那个命题也属于对它们的一种特定的解释。

"我认为这个命题确定为真，这也刻画了我对经验的解释。"

146. 我们制造了这样一幅地球的**图画**，地球是一个在空间中漂浮并且一百年以来本质上并未改变的球体。我说"我们制造了一幅**图画**……"，这幅图画现在帮助我们去判断不同的情况。

我当然可以计算一座桥的尺寸大小，有时也计算出这里建一座桥比摆渡更好，等等，等等。——但在某处我必须从一个假设或决定开始。

147. 地球作为一个球体的图画是一幅**好**图画，它在哪里都证明了自己，它也是一幅简洁的图画，——简言之，我们不带任何怀疑地从它开始。

148. 为什么当我想要从椅子上起来之时我不确信我还有两只脚？没有什么为什么。我就是不这样做。我就是这样行动的。

149. 我的判断本身就刻画了我判断的方式，刻画了判断的本质。

150. 一个人该如何判断哪只是他的右手哪只是左手？我怎么知道我的判断会与另一个人的判断相一致？我怎么知道这种颜色是蓝色？如果我在这里不相信**自己**，那么为什么我要相信其他人的判断？这里有一个为什么吗？难道我不是必须在某个地方开始相信吗？换言之，我必须不带怀疑地开始，这并不是所谓的轻率但情有可原，这是判断的一部分。

151. 我想说：摩尔并**不知道**他宣称自己知道的东西，但这些东西对他来说是确定的，对我来说也一样。将它们视为确定的，这是我们的怀疑和研究的**方法**的一部分。

152. 我并没有明确地学过那些对我来说确定的命题。我可以在后来**发现**它们，就像一个旋转着的物体的轴。这个轴并不在某个东西使其固定这层意义上固定着，而是围绕着它的运动规定了它的不动。

153. 当我没有留意我的手的时候，我的手不会消失，没人教过我这一点。人们也不能说我在我的某某断言中预设了这一命题的真（就好像它们倚靠在它之上），它首先是通过我们的其他断言而获得意义的。

154. 是有这种例子，如果一个人在我们不怀疑的地方给出怀疑的迹象，那么我们也许不能肯定地将他的怀疑迹象理解为怀疑的迹象。

换言之：若要我们将他的怀疑迹象理解为怀疑的迹象，那么他只能在特定的情况下，而不是在其他情况下给出这些迹象。

155. 在某些情境中，一个人是不能**出错**的。（"能"在这里是在逻辑的意义上被使用的，这个命题说的不是：在这些情境中这个人不能说一些错误的东西。）如果摩尔说出了那些命题（他声称这些命题是确定的）的反面，我们不仅不会同意他的看法，还会认为他精神错乱了。

156. 为了出错，一个人必须已经与人类一致地判断了。

157. 如果一个人记不住自己是不是总是有五个手指头或两只手，那又怎样呢？我们会理解他吗？我们能否确定自己理解他？

158. 构成这个句子的那些简单词汇是德语词且我知道它们的意义，对于这一点，我能弄错吗?

159. 我们在孩提时学会了一些事实，比如每个人都有一个大脑，我们深信不疑地接受了它们。我相信有一个叫作澳大利亚的岛，有着这样那样的形状，等等。我相信我有过曾祖父母，我相信那些宣称是我父母的人真的是我的父母，等等。这个信念可能永远没有被表达出来过，甚至"它是这样的"这个想法可能也从未被想到过。

160. 孩子通过相信大人而学会一些东西。怀疑**晚**于相信。

161. 我学会了很多东西，基于人们的权威而接受了它们，然后我通过自己的经验发现某些东西被证实或被证伪。

162. 一般说来，我认为书本上的东西（比如地理学）是真的。为什么？我说：所有这些事实已经被证实几百次了。但我是怎么知道这一点的？我的证据是什么？我有一幅世界图景。它是真的还是假的？它首先是我所有研究和断言的基础。描述它的那些命题并不全都同样地要被验证。

163. 有人曾验证过当没人注意到一张桌子之时那桌子是否还停留在那里吗？

我们验证关于拿破仑的故事，但我们不会去验证关于他的所有叙述是不是都建基在错觉、骗局及诸如此类的东西之上。是的，只要我们进行验证，我们就已经预设了一些不被验证的东西。那么我是不是应该说"我用来验证一个命题的实验预设了如下这一命题为真，即我相信自己看到的这台仪器真的在这里（及诸如此类）"？

164. 验证难道没有一个终点吗？

165. 一个孩子可能会对另一个人说"我知道地球已经有几百岁了"，这意味着"我已经学到了这一点"。

166. 困难就在于认清我们的信念的无理由性。

167. 很清楚,我们的经验命题并不都有相同的地位,因为人们能确定这样的一个命题并将其从一个经验命题转变为一个描述的规范。

想一想化学研究。拉瓦锡在他的实验室里用一些物质做实验,然后得出结论:燃烧时会发生这样那样的事情。他不是说下次会发生不一样的事情。他持有一幅确定的世界图景,这幅图景当然不是他发明的,而是他小时候就学会的。我说的是世界图景,而不是假设,因为它是他的研究的不言自明的基础,作为这样的东西,它也从未被明确地说出过。

168. 但"A 物质和 B 物质在相同情况中总以相同的方式发生反应"这个前提扮演着什么角色呢?或者这是物质的定义的一部分?

169. 人们可能会认为存在这样的一些命题,它们说化学是**可能的**。它们会是一种自然科学的命题。因为,如果不是经验的话,它们该依赖什么呢？

170. 我相信人们以某种特定的方式传达给我的东西。以这样的方式，我相信地理的、化学的、历史的事实，等等。以这样的方式，我**学会**了科学。学习当然建基在相信之上。

一个已学会勃朗峰高 4000 米的人，一个在地图上查看过这一点的人，会说他**知道**它。

现在人们是否可以说"我们以这样的方式给予我们的信任，因为这样做已证明了自身"？

171. 摩尔假定他从未去过月球的一个主要理由是没人曾去过或**能够**到达月球。我们是基于我们学到的东西而相信这一点的。

172. 人们也许会说"肯定有一条准则构成了这种信任的基础"，但这样一条准则能做什么呢？它是否多于一种"视其为真"的自然法则？

173. 我所相信的东西是否受我掌控？我不可动摇地相信的东西是否受我掌控？

我相信那里有一把椅子。难道我不能弄错吗？但我能否相信我弄错了？我究竟能否去考虑这一点？——不管我后来获悉了什么，难道我不**能**仍然坚持我的信念吗？！但我的信念是**有理由的**吗？

174. 我带着**完全的**确定性而行动。但这种确定性是我自己的。

175. 我对另一个人说"我知道它"，这里是存在一个辩护的。但是，对我的信念而言，辩护并不存在。

176. 不说"我知道它"，人们可以在某些例子中说"它是这样的，你可以信任它"。但是在一些例子中，人们可以说"我多年前就学到它了"，有时也可以说"我确定它是这样的"。

177. 我知道的东西，我就相信。

178. 摩尔对"我知道……"这个句子的错

误使用就在于他将其视为这样的一个表达,这个表达就像"我相信……"一样没法被怀疑。因为从"我知道它是这样的"中可以得出"它是这样的",于是后者也不能被怀疑。

179. 说"我相信……"有主观的真而"我知道……"没有,会是对的。

180. 或者也可以说:"我相信……"是一个表达[1],但"我知道……"不是。

181. 如果摩尔不说"我知道……"而说"我发誓……",那又怎样?

182. 地球**从未**有过一个开端,这是一个更原初的想法。没有一个孩子有理由问自己**地球**已经存在了多久,因为所有的变化都发生在地球之

---

[1] 一个人说"我相信 X",人们不会去怀疑或验证此人是不是真的"相信 X",但人们完全可以怀疑或验证一个说"我知道 X"的人到底是不是真的"知道 X"。还可见第 510 节。——译者注

上。如果这个被人们称为地球的东西真的是在某个时刻产生的（要想象这一点真够难的），那么人们当然会认为这个开端在极其久远的过去。

183. "在奥斯特里茨战役之后，拿破仑……，这是确定的。那么，地球那时已存在，这也是确定的。"

184. "我们不是一百年前从另一个星球到这个星球上来的，这是确定的。"这恰恰就像这样的事情一样确定。

185. 我觉得想要怀疑拿破仑的存在是荒谬的，但如果一个人怀疑地球 150 年之前的存在，那么我或许更想来听一听，因为现在他怀疑的是我们的整个证据系统。我并不觉得好像这个系统比系统内的某一确定之事更为确定。

186. "我或许能假定拿破仑从未存在过，是一个虚构的人物，但我不能假定**地球** 150 年前并不存在。"

187. "你是否**知道**地球那时已经存在？"——"我当然知道这一点。我从别人那里得到了这一点，那些人对此有确切的了解。"

188. 我觉得那个怀疑地球在那时是否存在的人一定损害了所有历史证据的本质。我不能说历史证据一定是**对的**。

189. 人们必须从解释走向纯粹的描述。

190. 被我们称为历史证据的东西指向了地球在我出生前已存在很久；——**没有任何东西**支持反面的假设。

191. 如果所有一切都支持一个假设，没有什么反对它，——那么它确定为真吗？人们可以这样说它。——但它是否确定地符合实在，符合事实？——你已经和这个问题一起在绕圈圈了。[1]

---

[1] "p 这个命题为真"与"p 这个命题符合事实"（或"实际上是 p"）其实是一回事，后者并不是对"p 为什么为真？"的回答。如下文所言，重要的是那个判定活动。——译者注

192. 当然有辩护，但辩护有一个终点。

———

193. 一个命题的真是**确定的**，这是什么意思？

194. 我们用"确定的"这个词表达了完全的确信、所有怀疑的排除，我们试图以此说服别人。这是**主观的**确定性。

但某个东西何时是客观地确定的呢？——当错误是不可能的时候。但这是一种什么样的可能性呢？错误难道不是必须在逻辑上被排除吗？

195. 如果我相信我坐在自己的房间里，而情况并非如此，那么人们不会说我**弄错**了。但这个情况和一个错误的本质区别是什么呢？

196. 可靠的证据就是被我们**认为**绝对可靠的证据，我们带着确定性且不带任何怀疑地按照这些证据而**行动**。

被我们称为"错误"的东西，在我们的语言游戏中扮演着一个十分特定的角色，被我们视为可靠证据的东西也一样。

197. 然而，"我们之所以将某个东西视为可靠的证据，是因为它确定为真"却会是胡说。

198. 相反，我们必须首先来确定一下支持与反对一个命题的判定活动所扮演的角色。

199. "真或假"的用法中有某些令人误解的东西，因为它就像人们说的"它要么符合，要么不符合事实"，而成问题的恰恰就是这里的"符合"是什么。

200. "命题要么为真，要么为假"，这话实际上仅仅意味着：支持或反对它的判定活动必须是可能的。但这并没有说出这样一种判定的理由看起来是怎么样的。

201. 设想某人说："我们如我们所做的那样

信赖我们的记忆（或者我们的感官）的证据，这样做真的对吗？"

202. 摩尔那些确定的命题所说的差不多就是我们有权利信赖这证据。

203. [所有被我们视为证据的东西都指向了地球在我出生前已存在很久。相反的假设**没有任何的**支持。

如果所有一切都**支持**一个假设，没有任何东西反对它，——那么它就是客观地确定的吗？人们可以这样**称呼**它。但它一**定**与事实世界相符合吗？它最多向我们表明"符合"是什么意思。我们发现很难想象它是假的，但也很难使用它。][1]

如果这种符合不在于语言游戏中的证据支持我们的命题，那么它到底在于什么呢？（《逻辑哲学论》）

---

1 中括号内的这两段话在手稿中被维特根斯坦框了出来。——编者注

204. 但是，给出理由，为语言游戏辩护，都是有一个终点的。——不过这个终点并不是某些命题直接让我们将它们视为是真的，因此位于语言游戏的根基处的并不是我们的一种**看**，而是我们的**行动**。

205. 如果真是有理由的，那么这理由既不是**真的**，也不是假的。

206. 如果一个人问我们："但这是**真的**吗？"那么我们可以对他说："是的。"如果他要理由，那么我们可以说："我不能给你任何理由，但是，如果你学得更多，那么你也会有这样的看法。"

如果不是这样，那么这就意味着他不能比如学习历史。

207. "所有被打开头颅的人都有一个大脑，多么奇怪的巧合！"

208. 我打电话到纽约。我的朋友告诉我，他的树发出了这样那样的芽。于是我相信树……那么我是否也相信地球存在?

209. 地球存在,不如说这是整幅**图画**的一部分,这图画构成了我的信念的出发点。

210. 我打电话到纽约这回事是否证实了我的地球存在的信念?

很多东西似乎被固定住了,它们退出了交通。它们可以说是被转移到了一条废弃的道上。

211. 它们为我们的研究、考察活动赋予了形式。也许它们曾经是有争议的。但是,过了很久以后,也许它们变成了我们所有研究活动的**框架**的一部分。(每个人都有父母。)

212. 在某些情境中,我们将比如一个计算视为得到充分检验的。是什么给了我们这样做的权利?是经验吗?经验难道不会骗我们吗?我们必须在某处停止辩护,剩下的是这样一个命题:我们就是**这样**计算的。

213. "我们的经验命题"并不是一块同质的物质。

214. 我不会认为这张桌子在没人看它的时候要么会消失，要么会改变它的形状和颜色，并且当某人再次看到它的时候又会回到原来的状态。是什么阻止我这样认为？——人们想要说："但谁会相信这样的东西！"

215. 我们在这里看到"与实在相符"这个观念并没有任何清晰的用法。[1]

216. "它是被写下来的"这个句子。

217. 如果一个人认为我们**所有的**计算都是不确定的，我们不能信赖它们（他给出的辩护

---

[1] 问问自己，我们怎么知道"一张桌子不会在没人看它的时候消失并在有人看它的时候重回原样"这个命题与实在"相符"（或"不相符"）？借助经验？如果是这样（先"看"，然后转过身，然后再转身"看"），那我们怎么知道下次看到的不是消失又重回原样的桌子呢？我们又怎么知道第二次看到的不是与第一张桌子一模一样的另一张桌子？——译者注

是错误随处都是可能的），那么我们或许会说他疯了。但我们能说他错了吗？他不就是反应不一样吗？我们信赖计算，他不信赖。我们确定，他不确定。

218. 我能不能在某一刻相信我曾去过平流层？——不能。那么我**知道**其反面，——像摩尔那样？

219. 对我这个理性的人而言，对此不会有任何怀疑。——就是这样。——

220. 理性的人**没有**某些怀疑。

221. 我能否怀疑任何我**想要**怀疑的东西？

222. 我从未去过平流层，对此我不可能有任何的怀疑。我是否因此知道它？它是否因此为真？

223. 难道我不能疯了并且不去怀疑那些我

绝对应当去怀疑的东西?

224."我知道它从未发生,因为如果它发生了,那么我是不可能忘记它的。"

但是,假设它发生了,因此你还是忘记了它。你怎么知道你不可能忘记了它?难道不只是由于以前的经验吗?

225. 我紧紧抓住的不是一**个**命题,而是一窝命题。

226. 我究竟能不能慎重地考虑"我曾到过月球"这一假设?

227."它真的是某种人们能够忘记的东西吗?!"

228."在这样的情境中,人们不说'也许我们都忘记了'及此类的话,而是认为……"

229. 我们的话语从我们的其他行为那里获

得它们的意义。

230. 我们问自己：我们用"我**知道**……"这个陈述做什么？因为它并不与心灵事件或状态有关。

而人们肯定是**以此方式**决定某个东西是或不是"知道"的。

231. 如果一个人怀疑地球 100 年前是否存在，那么我将不理解这一点，**因为**我将不知道什么是此人仍然允许的证据，什么又不是。

232. "我们可以怀疑这些事实中的每一个单个的事实，但是我们不能怀疑**所有**这些事实。"

"我们不怀疑**所有**事实"这个说法会不会更正确一些？

我们不怀疑所有事实，这恰恰是我们判断和行动的方式。

233. 如果一个孩子问我地球是否在我出生

前已存在很久,那么我会回答他,地球并不是从我出生以来才存在的,它很久很久以前就已经存在了。此时我会有一种说了一些可笑的话的感觉。就像这孩子问我某座山是否比他看到的某幢高楼更高的时候的那种感觉。我只能先教给他一幅世界图景,才能来回答他那个问题。

当我带着确定性回答这个问题的时候,是什么给了我这种确定性?

234. 我相信我有祖先并且每个人都有祖先。我相信有不同的城市,总的说来我也相信地理和历史的主要内容。我相信地球是一个物体,我们在它的表面活动,它和其他固体(比如桌子、房子、树木等等)一样不会突然消失或发生诸如此类的事情。如果我想要怀疑地球在我出生很久之前的存在,那么我必须去怀疑所有对我而言确定的东西。

235. 有些东西对我而言是确定的,这并不由于我的愚蠢或轻信。

236. 如果一个人说"地球并不在我出生前已存在很久",——他这样说会损害什么呢?我知道吗?

它得是一个所谓的科学信念吗?难道它不能是一个神秘主义的信念吗?此人一定在反对历史事实吗?甚至地理事实?

237. 如果我说"这张桌子一小时前还不存在",那么我大概意谓的是:它是后来才被造出来的。

如果我说"这座山那时还不存在",那么我也许意谓的是,它是后来(或许因为火山爆发)才形成的。

如果我说"这座山半小时前还不存在",那么这是一个如此奇特的陈述,以至于我所意谓的是什么都是不清楚的。我所意谓的是不是某种虽是假的,但仍是科学的东西?人们也许会认为这座山那时还不存在这个陈述是完全清楚的,不管人们怎么设想那个语境。但是,设想某个人说"这座山一分钟前还不存在,但一座完全相似的山存在"。只有熟悉的情境才会让所意谓的东西清晰地显示出来。

238. 因此，我可以继续问那个说地球在他出生之前并不存在的人，为了搞清楚他反对的是我的哪个信念。这里的情况**可能**是他反对的是我的根本看法。如果是这样，那么我也只能就这样算了。

如果他说他曾去过月球，那么情况也是类似的。

239. 是的，我相信每个人都有人父人母，但天主教徒相信耶稣只有人母。另一个人可能相信有的人没有父母，且不相信所有对立的证据。天主教徒也相信在某些情况下一块圣饼会彻底改变它的性质，同时所有证据都证明了这一看法的对立面。如果摩尔说"我知道这是酒，不是血"，那么天主教徒会反对他。

240. 所有人都有父母这个信念建基于什么之上？经验。我如何将这个确定的信念建基在我的经验之上？好吧，我并不将其仅仅建基在我认识某些人的父母这回事之上，还建基在我关于人的性生活、身体结构和生理所学到的所有东西之上，还建基在我关于动物的所见所闻之上。

但这真的是一个证明吗？

241. 这难道不是一个（如我所**相信**的那样）一再被完全证实的假设吗？

242. 难道我们不是必须在每一步上都说"我坚定地**相信**这一点"吗？

243. 当人们已准备好给出颇具说服力的理由之时，他们说"我知道……"。"我知道"与表明真理的某个方法有关。一个人是否知道某些东西，是可被显示出来的，假设他对此深信不疑的话。

但是，如果他相信的是这种东西，即他能给出的理由并不比他的断言更确定，那么他就不能说他知道他相信的东西。

244. 如果一个人说"我有一个身体",那么人们就能问他"谁在这里用这张嘴说话?"。

245. 一个人会对谁说他知道某些东西?对他自己,或者对另一个人。如果他对自己这样说,那么这如何与"他**确定**情况是如此这般的"这个论断区分开来?就我知道某些东西而言,主观的担保是不存在的。这种确定是主观的,但知识不是主观的。于是,如果我对自己说"我知道我有两只手",并且这不该仅仅表达了我的主观确定,那么我必须能够确信我是对的。但我无法做到,因为,在我看到我的两只手之前,我有两只手这一点并不比我看到它们以后更不确定。不过我可以说:"我有两只手是一个不容置疑的信念。"这将表明我不愿将任何东西视作该命题的反证。

246. "我在这里到达了我所有信念的地基。""我会**坚持**这个看法!"但这难道不是仅仅因为我对此完全**确信**吗?——"完全确信"是怎样的?

247. 现在就去怀疑我有两只手，这会是怎么样的呢？为什么我完全不能想象这一点？如果我不相信这个，我会相信什么呢？我还完全没有一个能包含这种怀疑的系统。

248. 我达到了我的信念的基础。

人们差不多可以说这地基是由整幢房子支撑着的。

249. 人们为自己制作了一幅有关**怀疑**的错误图画。

250. 在正常情境中，"我有两只手"这一点与我能为其给出的证据一样确定。

这就是我为什么不能将"看我的手"当作它的证据的原因。

251. 这难道不意味着我无论如何都会按照这个信念而行动且不让自己被任何东西所迷惑？

252. 但不只是**我**以这样的方式相信我有两

只手，而是每一个理智的人都这样做。

253. 位于有理由的信念之底部的，是无理由的信念。

254. 每一个"理智的"人都**这样**行动。

255. 怀疑有某种典型的表现，但这种表现对怀疑而言也只有在某些情境中才是典型的。如果某人说他怀疑他的手是否存在，总是从各个角度观察他的手，试图确信它们不是镜中像或此类的东西，那么我们将不确定该不该将其称为怀疑。我们可以将他的行为描述为一种类似怀疑的行为，但他的游戏不是我们的游戏。

256. 另一方面，语言游戏随着时间的改变而改变。

257. 如果一个人对我说他怀疑他是否有一个身体，那么我会认为他是个傻子。但我不知道使他确信他有一个身体是什么意思。如果我说了一些话且这话消除了这怀疑，那么我将既不知道这是如何做到的，也不知道为什么能做到。

258. 我不知道"我有一个身体"这个句子是如何被使用的。

这并不一定适用于"我总在地球上或靠近地球的地方"这个句子。

259. 一个怀疑地球是否已经存在了 100 年的人，可能有一个科学的怀疑，但也可能有一个哲学的怀疑。

260. 我想把"我知道"这个表达式保留给那些它在其中被用于正常语言交流的情况。

261. 我此刻无法想象一个有关地球在过去 100 年间是否存在的合理怀疑。

262. 我可以想象一个在十分特别的环境中长大的人，人们教他地球是 50 年前才出现的，因此他也相信这一点。我们可以教他地球已经存在了很久。——我们会试图把我们的世界图景交给他。

这会借助一种**劝说**而实现。

263. 学生**相信**他的老师和书本。

264. 我可以设想这样一个例子,摩尔被一个野蛮部落抓住了,他们表达出这样的猜疑,即摩尔来自地球和月球之间的某个地方。摩尔对他们说他知道他总在地球上或靠近地球的地方,但摩尔却不能为他的确定性向他们给出理由,因为他们有着关于人的飞行能力的奇妙想法,并且不知道任何的物理学。这将是给出那种陈述的一个场合。

265. 但它说出的比"我从未去过这样那样的地方,并有充分理由相信这一点"更多的东西是什么呢?

266. 这里人们仍然必须说出充分的理由是什么。

267. "我不仅有关于一棵树的视觉印象,我**知道**这是一棵树。"

268. "我知道这是一只手。"——什么是一只手?——"喏,比如**这个**。"

269. 比起我从未去过保加利亚,我是否更确定我从未去过月球?为什么我如此确定?好吧,我知道我从未去过边境处,比如从未去过巴尔干。

270. "对于我的确定性,我有充分的理由。"这些理由使这种确定性成为客观的东西。

271. 某个东西的充分理由是什么,并不是我决定的。

272. 我知道 = 它作为确定的东西对我是已知的。

273. 但人们什么时候说某个东西是确定的?因为,某个东西是否**是**确定的(换言之就是若某个东西是**客观地**确定的），是可以被争论的。

无数个一般性经验命题被视为是对我们确定的。

274. 砍掉一个人的手臂，这手臂不会再长出来，就是一个这样的命题。砍掉一个人的头，这个人就死了，并且不会再活回来，是另一个这样的命题。

人们可以说是经验教给我们这些命题的。但经验并不是孤立地将它们教给我们的，经验教给我们的是一批彼此关联的命题。如果它们是孤立的，那么我或许可以怀疑它们，因为我没有任何与它们相关的经验。

275. 如果经验是我们的确定性的理由，那么它当然是过去的经验。

它不仅仅是**我的**经验，还有别人的经验（我从这些经验那里获得知识）。

人们现在可以说经验是使我们相信其他人的东西。但是，是什么经验让我相信解剖学和生理学著作没有包含假的东西呢？这是真的，这种相信也得到了我自己的经验的**支持**。

276. 可以说我们相信这座巨大的建筑就在这里，我们时而在这里，时而在那里，看到一个个的角落。

277. "我不得不相信……"

278. "我满足于它是如此这般的。"

279. 汽车并不是从土里长出来的，这是完全确定的。——我们觉得，如果一个人能相信其反面，那么他也能相信**所有**被我们视为不可能的东西，并能否认所有被我们视为确定的东西。

但是，这一**个**信念该如何与其他所有信念联系起来呢？我们想说，若一个人能相信那个，那他就不会接受我们的整个证实系统。

这个系统是某种人们借助观察和教学而接受的东西。我故意不说"学到"。

280. 当他看到这样那样的东西，听到这样那样的东西之后，他就无法去怀疑……

281. 我，路德维希·维特根斯坦，相信或确定我的朋友的身体或头脑中没有锯屑，虽然对此我没有任何直接的感官证据。基于别人告诉我的东西、我读到的东西以及我的经验，我是确定的。要怀疑这一点在我看来是一种疯狂，这当然也与其他人相一致。但**我**与他们相一致。

282. 我不能说我有好理由主张猫不是从树上长出来的或者我有过父亲和母亲。

如果一个人怀疑它们，——那么这该如何发生？他是否该从一开始就从未相信过他有过父母？但是，除非人们将此教给了他，否则这是可以设想的吗？

283. 孩子如何才能立刻去怀疑人们传授给他的东西？这仅仅意味着他无法学会某些语言游戏。

284. 很久以前，人类就开始猎杀动物，基于某种目的使用它们的皮毛、骨头等。他们明确指望在每个类似的动物的身上发现类似的部分。

他们总是从经验中学习,从他们的行为中,人们可以看到他们明确地相信一些东西,不管他们有没有将这些信念说出来。借此我当然并不想说人类**应该**这样行动,而只是他们就是这样行动的。

285. 如果一个人在寻找某些东西,也许在某块特定的地面上翻掘,那么他就显示了他相信自己在找的东西就在那里。

286. 我们所相信的东西依赖于我们学到的东西。我们都相信到达月球是不可能的,但是可能有一些人相信它是可能的并且时而发生。我们说:这些人不知道我们知道的很多东西。不管他们多么确定于这些事情,——他们是错的,我们知道这一点。如果我们将我们的知识系统拿来与他们的做比较,那么他们的系统明显要贫乏得多。

1950 年 9 月 23 日

287. 松鼠并不归纳出它下一个冬天也将需要储存食物。我们也一样无须一种归纳原则来为我们的行为和预测辩护。

288. 我不仅知道地球在我出生前已存在很久，我还知道它是一个巨大的物体，知道人们已经确立了这一点，知道我和其他人有许多祖先，知道有关于所有这一切的书籍，知道这样的书没在说谎，等等。我知道这一切吗？我相信这一切。这个知识体系被传给了我，我没有理由怀疑它，相反，我有各种各样的实证。

为什么我不应说我知道所有这一切呢？人们难道不正是这样说的吗？

但不只是我知道或相信所有这一切，其他人也一样。或者不如说我**相信**他们相信它们。

289. 我坚定地确信其他人相信，相信他们自己知道一切都是这样的。

290. 我自己在我的书里写道：孩子学会以

这样那样的方式理解一个词。我是知道这一点，还是相信这一点？为什么在这样的情况下我不写"我相信……"，而只是写下一个断言句？

291. 我们知道地球是圆的。我们已绝对确信它是圆的。

我们坚持这个看法，除非我们的整个自然观改变了。"你怎么知道这一点？"——我相信这一点。

292. 更多的实验并不能**证伪**过去的实验，它们最多能改变我们的整个看法。

293. "水在 100 摄氏度时沸腾"这个命题也一样。

294. 我们就是**这样**确信的，人们将**这个**称为"正当地确信"。

295. 那么，在这个意义上，难道人们没有这个命题的**证明**吗？但是，"同样的事情再次发生了"并不是对其的证明,尽管我们说它给了我们相信这一点的权利。

296. 我们将其**称为**我们的看法的"经验依据"。

297. 我们并不仅仅学到这样那样的实验有如此这般的结果,我们也学到了实验的结论。这当然没错。因为这个结论是某个特定用法的工具。

298. "我们对其完全确定"不仅意味着每个单个的人都对其确定,还意味着我们属于一个借助科学和教育而联结起来的共同体。

299. 我们满足于地球是圆的。[1]

1951 年 3 月 10 日

300. 并不是对我们观点的所有修正都位于

---

1 原文是英语。——译者注

同一层面上。

301. 假设"地球在我出生前已存在很久"并不是真的，人们如何设想对这一错误的发现呢？

302. 如果——当**没有**证据可以相信的时候——这个情况中现有证据都不可信，那么说"也许我们搞错了"是没用的。

303. 比如，如果我们总是算错，而且 12 乘 12 不等于 144，那么为什么我们应该相信任何其他的计算呢？这样说当然是错的。

304. 但对于这个乘法公式我没有**搞错**。我后来可能会说我当时糊涂了，但不会说我搞错了。

305. 这里**又**必须有这样的一步，它类似相对论中的那一步。

306. "我不知道这是不是一只手。"但你是否知道"手"这个词意谓的是什么？不要说

"我知道它此刻对我意谓的是什么"。**这个**词是**这样**被使用的,这难道不是一个经验事实吗?

307. 虽然我对词语的用法完全确定,没有任何怀疑,但我仍然不能为我的行为方式给出任何**理由**,这一点蛮奇怪的。如果我试图这样做,那么我可以给出一千个理由,但没有一个理由比它本该为其提供理由的东西更加确定。

308. "知识"和"确定性"属于不同的**范畴**。它们不是像"猜测"和"确定"[1]这样的两个"心灵状态"。(在这里,我假定"我知道比如'怀疑'这个词意谓的是什么"这话对我而言是有意义的,且这个句子给"怀疑"一词指派了一个逻辑的角色。)现在让我们感兴趣的并不是确定,而是知识。换言之,让我们感兴趣

---

[1] 这个"确定"的原文为"Sichersein",它说的是"某人对某个东西感到确定"或"某人确定于某个东西",和维特根斯坦在本书中考察的那种在经验判断系统中扮演着特殊角色的确定性或确定之事(比如"地球在我出生前已存在很久""这有一只手")是两回事。对于后者,维特根斯坦一般用"Sicherheit"一词。——译者注

的是，如果判断得是可能的，那么关于某些经验命题就不可能有任何的怀疑。或者再次地，我倾向于相信并不是所有有着经验命题之形式的东西都是经验命题。

309. 规则和经验命题相互交融了吗？

310. 学生和教师。学生不接受任何解释，因为他总是用怀疑来打断这个教师，比如对于事物的存在的怀疑，对于词语的意义的怀疑，等等。教师说："不要再打断我了，去做我告诉你的事，你的怀疑到现在为止还没有任何意义。"

311. 或者想象这个学生去怀疑历史（以及与历史联系在一起的所有东西），甚至去怀疑地球 100 年前是否存在。

312. 对我来说这种怀疑好像是空洞的。但对历史的**相信**难道不一样吗？不，这个和如此多的东西连在一起。

313. 那么**这**就是让我们相信一个命题的东西？嗯，"相信"的语法恰恰是与被相信的命题的语法联系在一起的。

314. 想象那个学生真的问道："当我转过身去的时候，甚至当**没**人看到这张桌子的时候，这桌子还在那里吗？"教师该不该安慰他并说"它当然在那里！"？

或许教师会变得有点不耐烦，但认为学生会改掉问这种问题的毛病。

315. 换言之，这个教师会觉得这实际上不是一个合理的问题。

如果学生去怀疑自然的合乎法则性，因此去怀疑归纳推理的合理性，情况也是一样的。——教师会觉得这只会打断他们，会觉得学生这样做只会妨碍学习并且毫无进展。——教师会是对的。这就像某人要在房间里寻找一个物品，他打开一个抽屉，发现那里没有，于是他又关上它，等了一会，然后又打开它，为了看看那个物品现在或许是否在里面，并且以此方式继续。他还没有学会怎么找东西。那个学生同样也没有学会怎么问问题。没有学会我们想要教给他的**这个**游戏。

316. 这难道不就像学生去怀疑地球 100 年前实际上是否存在，因而阻碍了历史教学？

317. 这个怀疑不属于我们的游戏中的怀疑。（但并不是好像我们选择了这个游戏！）

1951 年 3 月 12 日
318. "这个问题根本不会出现。"其答案将刻画出一种**方法**。但是方法论命题和方法之内的命题之间并没有清晰的界限。

319. 但这样一来人们难道不是得说逻辑命题和经验命题之间没有清晰的界限吗？不清晰的恰恰是**规则**和经验命题的界限。

320. 我认为人们在这里必须记起"命题"概念本身也不是一个界限清晰的概念。

321. 我所说的就是：每个经验命题都可以被转变成一个前提——因此变成一个描述的规范。即便对此，我也有所疑虑。这个命题太一般化了。人们几乎想要说"每一个经验命题在理论上都可以被转变成……"，但这个"理论上"是什么意思？它听起来太像《逻辑哲学论》了。

322. 如果这个学生不愿意相信这座山有史以来一直立在这里，那又怎样呢？
我们会说他完全没有任何**理由**怀疑这一点。

323. 那么合理的怀疑必须有一个理由？
我们也可以说："理性的人相信这个。"

324. 因此，若一个人相信某些罔顾科学证据的东西，那我们会将此人称为不理性的。

325. 如果我们说"我们**知道**情况是如此这般的"，那么我们意谓的是每个理性的人在我们的状况下都会知道它，并且怀疑它会是不理智的。因此摩尔也不愿意只说**他**知道情况是如此这般的，而是每一个理智的人在他的状况下同样也会知道它。

326. 但谁来告诉我们在**这种**状况下该相信什么才是理性的？

327. 因此，人们也可以说："理性的人相信地球在他们出生前已存在很久，他们生活在地球表面或地球表面的不远处，他们从未去过月球，他们有神经系统和各种内脏，就像所有其他人一样，等等。"

328. "我知道它，**就像**我知道我叫路德维希·维特根斯坦。"

329. "如果他怀疑**这个**——不管'怀疑'在这里意味着什么——那么他永远学不会这个游戏。"

330. 因此"我知道……"这个命题在这里表达了相信某些东西的意愿。

1951 年 3 月 13 日

331. 如果我们基于这个信念带着确定性而行动，那么我们是否该对"我们不能怀疑很多东西"这一点感到奇怪呢？

332. 设想有人不带任何哲学意图地说："我不知道我是否曾经去过月球，我不**记得**我是否曾经去过那里。"（为什么此人与我们如此根本地不同？）

首先：他怎么知道他去过月球？他该如何设想这一点？比较一下："我不知道我是否去过 X 村。"但是，如果 X 村在土耳其，那么我也不能这样说，因为我知道我从未去过土耳其。

333. 我问某人："你曾到过中国吗？"他回答："我不知道。"此时人们肯定会说："你不**知道**？你是否有任何理由相信你或许曾到过那里？比如你是否曾经靠近过中国边境？或者你的父母在你快出生的时候到过那里？"——一般说来，欧洲人都知道他们是否到过中国。

334. 换言之：理性的人只有在这样那样的情境中才会去怀疑这个。

335. 法庭上的诉讼程序依赖于某些情境给了某个陈述以某种可能性。比如，"某个人没有父母却来到了世上"这个陈述在那里就根本不会被考虑。

336. 但是，对人来说是理性的或是非理性的东西，是会变的。在某些时刻对人来说是理性的东西，在另一些时刻就是非理性的了。反之亦然。

但这里就没有一个客观的特征吗？

非常聪明而有教养的人相信《圣经》中的创世故事，另一些人认为它已被证明为假，而前面那些人也熟悉这些理由。

337. 如果没有一些不被怀疑的东西，那么人们就不能做实验。但这并不意味着人们就基于某些可靠信念而接受某些前提。如果我写了一封信并寄了出去，那么我相信它会寄到，我预期这一点。

如果我做实验,那么我不会怀疑我眼前的那些实验器材是否存在。我有一大堆怀疑,但不会去怀疑**这个**。如果我做了一次计算,那么我(不带任何怀疑地)相信纸上的数字自己不会相互替换,而且我一直都相信并且绝对地相信我的记忆。这里的这种确定性和我从未去过月球是一样的。

338. 但我们想象这样的一些人,他们对于这些事情从未完全确定,他们大概会说这些**很**可能是这样的,怀疑它们没什么好处。因此,如果某个这样的人处于我的状况下,那么他会说"我曾去过月球这一点是极其不可能的",等等。这些人的生活该**如何**与我们的生活区分开来呢?是有这样的人,他们说锅里的水烧着就会沸腾而不会结冰这一点只是极其可能的,因此,严格说来我们认为不可能的事情只是不太可能发生罢了。这会给他们的生活带来什么区别呢?难道不只是他们对于某些东西说得比其他人多吗?

339. 设想一个人，他要去火车站接朋友，他不是直接查列车时刻表并在某个时间赶去车站，而是说："我**不相信**火车真会到来，但我还是会去车站。"他做了一般人所做的一切，但伴随着怀疑或自我勉强，等等。

340. 我们带着确定性相信每一个数学命题，带着与此相同的确定性，我们知道"A"和"B"这些字母是怎么读的，知道人血的颜色被称为什么，知道其他人也有血并且被称为"血"。

341. 换言之，我们提出的**问题**和我们的**怀疑**都依赖于某些命题被排除在了怀疑之外，就好像是那些东西围着转动的轴。

342. 换言之，某些东西**实际上**不被怀疑，这属于我们的科学研究的逻辑。

343. 但情况并不是我们只是**不能**研究一切，因此只好满足于假设。如果我想要让门转动，那么门轴必须保持固定。

344. 我的**生活**就在于我满足于很多东西。

345. 如果我问"你现在看到的是什么颜色？"，换言之，为了知道现在那是什么颜色，我不能同时去怀疑那个被问的人是否理解德语，不能去怀疑他是否想要骗我，不能去怀疑我关于颜色词的意义的记忆是否背弃了我，等等。

346. 如果我试图在象棋中将死一个人，那么我就不能去怀疑棋子也许自行更换了它们的位置且此时我被自己的记忆捉弄而没有注意到这一点。

1951 年 3 月 15 日

347. "我知道那是一棵树。"为什么我觉得自己不理解这个句子？尽管它只是一个极其简单、最为日常的句子。就好像我不能将我的思想聚焦在任何一种意义上。因为我没有在正确的地方寻找那个焦点。只要我想到这个句子的某种不同于哲学用法的日常用法，那么它的意义就会变得清晰而寻常。

348. 正如"我在这里"这句话只有在特定的语境中才有意义，但是，如果我对一个坐在我对面并清楚地看着我的人说这话，它就没有意义，——这不是因为它是多余的，而是因为它的意义并未借助这个情况而得到**确定**但又需要这样的一种确定。

349. "我知道那是一棵树。"——这可以意谓各种可能的东西：我看着一棵植物，我认为它是一棵小山毛榉，另一个人认为它是一棵黑醋栗。他说"那是一棵灌木"，我说那是一棵树。——我们在雾中看到了某个东西，我们中的某个人认为那是一个人，另一个人说"我知道那是一棵树"。有人想要测试我的眼睛，等等，等等。——那个我宣布是一棵树的"那[个]"每次都是不同种类的东西。

但是，如果我们说得更准确一些，那又怎样？比如"我知道那边的那个是一棵树，我看得足够清楚"。——让我们甚至设想我在一次谈话的语境中做出了这个评论（因此当时是切题的）。现在，在所有语境之外，我又将这话说了一遍，同时看着那棵树，并且补充道"我就像5分钟前意谓这句话那样意谓它"。——如果（比如）我接着说我又想到了我糟糕的视力，且这话是某种叹息，那么这个表达身上就没有任何神秘的东西了。

一个句子是如何被**意谓**的，这可以借助对句子的补充而表达出来，因而可与这个句子合在一起。

350. 一个哲学家可能会说"我知道那是一棵树"，为了让自己或者另一个人看到他**知道**一些并非数学真理或逻辑真理的东西。类似地，一个想着自己已经不中用的人可以一再地对自己说："我仍然可以做这个和那个。"如果他脑子里常徘徊着这样的想法，那么当他显然在任何语境之外对自己说这话的时候人们就不会感到惊奇了。（不过我在这里已经为这个表达刻画了一个背景，一个环境，因此也就是为其给出了一个语境。）相反，如果一个人在完全异质的情境中带着十分令人信服的表情喊道"放倒他！"，那么人们就可以说这句话（及其语调）

是一枚确实有着为人熟知的应用的棋子，但在这里连此人在说的是何种**语言**这一点也是不清楚的。我可以用手做出我手拿锯子锯木板时会做出的动作，但是，在所有语境之外，人们是否有权利将这个动作称为**锯木板**呢？（它可以是某种完全不同的东西！）

351."这个词有意义吗？"这个问题难道不类似"这是一个工具吗？"（此时我们展示着一个锤子）这个问题吗？我说："是的，这是一个锤子。"但是，被我们中的每个人视为锤子的东西在另一个地方是（比如）一个投掷物或一根指挥棒，那又怎样呢？

现在你自己去应用吧！

352. 如果现在有人说"我知道那是一棵树"，那么我可以回答："是的，这是一个句子。一个德语句子。它要做什么呢？"如果他回答"我只是想要提醒自己我**知道**这样的东西"，那又怎样呢？——

353. 但是，如果他说"我想做一个逻辑的评论"，那又怎么样？

——一个守林人和他的工人在林中走路，守林人说"**这棵**树要被砍掉，还有**这棵**和**这棵**"。——如果此时他做出"我**知道**这是一棵树"这个评论，那又怎样呢？——但是，关于这个守林人，难道我不能说"他**知道**这是一棵树，他并没有去检查，也没有吩咐手下去检查"吗？

354. 怀疑和不怀疑的行为。仅当有第二种行为，才会有第一种。

355. 精神科医生可能会问我："你知道这是什么吗？"我回答："我知道这是一把椅子。我认得它，它一直在我的房间里。"他此时要测试的也许不是我的眼睛，而是我识别事物的能力，以及知道它们的名称和功能的能力。这里涉及的是一种纯熟精通。

对我而言，"我相信这是一把椅子"这个说法是错的，因为这个说法表达的是：这个陈述是尚待检验的。而"我知道这是一把椅子"蕴涵的是，如果它没被证实，那么我会感到**惊奇**。

356. 我的"心灵状态"，即"知道"，并未向我保证接下来要发生的东西。

不过它就在于：我不明白怀疑在哪里能够着手，以及一种检验在哪里才是可能的。

357. 人们可以说："'我知道'表达了一种**平静的**，而不是仍在挣扎的确定性。"

358. 我不想把这种确定性视为某种类似轻率或肤浅的东西，而是（一种）生活形式。（这被表达得很糟糕，或许也被想得挺糟糕。）

359. 不过这意味着我想要将其理解为某种超越合理和不合理的东西，就好像是某种动物性的东西。

360. 我**知道**这是我的脚。我不承认任何经验会是对其反面的证明。——这可以是一声呼喊，但从中**得出**什么呢？至少是，我将带着一种不知怀疑的确定性按照我的信念而行动。

361. 但我也可以说：这是如此这般的，这一点是上帝向我揭示的。上帝教给我这是我的脚。如果某些似乎与这种认识相反的事情发生了，那么我必须将其视为幻觉。

362. 但这不就表明了知识与一种决定有关吗？

363. 这里很难找到从人们想要喊出的东西到他们行动中的结果的过渡。

364. 人们也可以这样问："如果你知道这是你的脚，——那么你是知道，还是仅仅相信没有任何将来的经验会看起来与你的知识相矛盾？"（换言之就是将来的经验在**你自己**看来不会是这样的。）

365. 如果现在一个人回答："我也知道，**对我来说**绝对不会有某种东西会与那种认识相矛盾。"——除了他自己不怀疑这事绝对不会发生之外，我们还能从中得出什么呢？

366. 如果禁止说"我知道"，只允许说"我相信我知道"，那又怎么样？

367. 如果某个说"我知道……"的人搞错了，那么这个陈述身上就带有了一种耻辱，我们使用一个像"知道"这样的类似"相信"的词，其目的难道不就是这个吗？
错误会借此而变成某种不被允许的东西。

368. 如果一个人说他不会承认任何经验是对其反面的证明，那么这仍然也是一种**决定**。他也有可能违背这一决定而行动。

1951 年 3 月 16 日
369. 如果我想要怀疑这是不是我的手，那么我如何才能不去怀疑"手"这个词是否有任何意义呢？因此这似乎毕竟是我**知道**的东西。

370. 但更正确的是：我毫无顾虑地使用"手"

一词以及我的句子中的所有其他词语,而且,只要我想试图去怀疑,那么我将失去一切,——这表明了不怀疑属于语言游戏的本质,而"我怎么知道……"这个问题会拖延或废除语言游戏。

371. "我知道这是一只手"在摩尔的意义上所意味的东西,难道不等于或者类似于:我可以在那些关于这只手是否存在的怀疑不出现的语言游戏中,给出诸如"我这只手疼""这只手比另一只更无力"或"我这只手曾经断过"以及无数其他的陈述吗?

372. 只有在特定的情况下,"这真的是一只手(或者我的手)吗?"这个考察才是可能的。因为,在没有进一步规定的情况下,"我怀疑这是否真是我的手(或者真是一只手)"这一句子还没有任何意义。光从这句话中,我们无从知道这是否意谓了一种怀疑以及这怀疑是什么。

373. 为什么可能有**相信**的理由呢?如果确定是不可能的话。

374. 我们教孩子"这是你的手",而不是"这或许(或很可能)是你的手"。以这样的方式,孩子学会了无数与他的手有关的语言游戏。他根本不会遇到"这是否真是一只手"这样的考察或者问题。另一方面,他也不会学到他**知道**这是一只手。

375. 人们在这里必须看到,怀疑在某一个点上——即使是在(正如我们会说的)"合理的"怀疑能够存在的地方——的彻底消失,不一定会证明一个语言游戏是错的。甚至像**另一种**算术这样的东西也是存在的。

我相信这种承认一定位于对逻辑的所有理解的根基处。

1951 年 3 月 17 日

376. 我能够满怀激情地宣布我知道(比如)这是我的脚。

377. 但这种激情仍是某种(十分)罕见的东西,在我通常谈到这只脚的时候,这种激情的踪迹并不存在。

378. 知识最终建基在承认之上。

379. 我满怀激情地说"我**知道**这是一只脚",——但它**意谓着**什么呢?

380. 我可以接着说:"世上没有任何东西会让我确信其反面!"对我来说这个事实位于所有认识的根基处。我会放弃其他的,但不会是这个。

381. 这个"世上没有任何东西……"明显是一种态度,人们并不对所有他们相信或确定的东西都有这样的态度。

382. 这并不是说世上实际上没有任何东西能让我确信另外的东西。

383. "也许我在做梦"这个论证是无意义的,因为这样一来这个表达也是被梦到的,而这句话有意义**这一点**也是被梦到的。

384. 那么"世上没有任何东西……"是一句什么类型的话呢?

385. 它有着预言的形式,但(当然)并不是基于经验的预言。

386. 一个像摩尔那样说他**知道**……的人,说出了某种东西对他而言所具有的确定性的程度。重要的是这个程度是有最大值的。

387. 人们可能问我:"你有多么确定那里是一棵树,确定你口袋里有钱,确定这是你的脚?"在一种情况下,回答可以是"不确定",在另一种情况下,可以是"几乎确定",在第三种情况下,是"我不可能怀疑"。即使没有任何理由,这些回答也是有意义的。我无须说(比如)"我不能确定那是不是一棵树,因为我的眼睛不够尖"。

我想要说,对于摩尔而言,说"我**知道**那是一棵树"是有意义的,如果他想说的是某种完全明确的东西的话。

[我相信一个能够自己思考的哲学家会有兴趣读我的笔记。因为，即使我很少击中目标，他也会看出我一直在瞄准的是什么。]

388. 我们中间的每个人都经常使用这样的句子，对于它是否有意义，是不存在任何问题的。借此能给出一个哲学的论断吗？比起我不知道这是金子还是黄铜，我知道这是一只手更是一个关于外部事物存在的证明吗？

1951 年 3 月 18 日

389. 摩尔想要给出一个例子，表明人们能够真正知道一些关于物理对象的命题。如果关于"人们能否在某个特定的身体位置上有疼痛"这一点存在争议，那么某个刚好在那里有疼痛的人就可以说："我向你保证，我现在这里有疼痛。"但是，如果摩尔说"我向你保证，我知道那是一棵树"，那么这话听起来蛮奇怪的。我们在这里恰恰不会对一种个人体验感兴趣。

390. 重要的只是说"人们知道如此这般的

东西"是有意义的,因此"人们知道它"这个保证在这里毫无作用。

391. 请你设想一个语言游戏,"若我呼唤你,你就进门来"。在所有日常的情况下,"这里是否真有一扇门"这样的怀疑是不可能的。

392. 我必须表明的是,即使一个怀疑是可能的,它也并不是必要的。语言游戏的可能性并不依赖于所有可被怀疑的东西都被怀疑。(这与矛盾在数学中的角色有关。)

393. "我知道那是一棵树"这句话,当它在其所有语言游戏之外被说出来的时候,也可以是一句(或许是来自一本德语语法书的)引文。——"但若我在说出这句话的时候**意谓**它呢?"这是个关于"意谓"概念的古老误解。

394. "这属于我不能怀疑的东西。"

395. "我知道所有这些。"这将在我的行动和谈论这些东西的方式中显示出来。

396. 在语言游戏（2）[1]中，他能不能说他知道这些是建筑用石？——"不，但他**知道**它。"

397. 难道不是我错了而摩尔完全正确吗？难道我不是犯了将人们想到的东西和人们知道的东西混淆起来的基本错误吗？我当然不会想到"地球在我出生前已存在很久"，但我难道因此就不**知道**这一点吗？难道我不是通过我总是从中得出结论而显示了我知道这一点吗？

398. 尽管我从未想到过，但难道我不知道从这幢房子并没有什么台阶通向地下六层吗？

399. 但我从中得出结论这回事不就表明了我接受这个假设吗？

---

[1] 《哲学研究》第一部分第 2 节描述的那个语言游戏。——编者注

1951 年 3 月 19 日

400. 在这里我倾向于与风车做斗争，因为我仍然无法说出我真正想说的东西。

401. 我想说：思想（语言）的所有运作的基础不仅包含逻辑命题，还包含具有经验命题之形式的命题。——这个论断并不具有"我知道……"这个形式。"我知道……"说的是**我**知道的东西，这并不具有逻辑上的重要性。

402. 在这个评论中，"具有经验命题之形式的命题"这个表达十分糟糕，它与关于物质对象的陈述有关。它们并不像某些假设（如果这些假设被证明为假，那么就会被其他假设所取代）那样作为基础起作用。

……自信地写道：

"太初有为。"[1]

403. 在摩尔的意义上说某人**知道**某些东西，

---

[1] 歌德，《浮士德》第一部。原文为"Im Anfang war die Tat."，日常一点的译法可以是"一开始是行动"。——译者注

因此他说的就是无条件的真理，这在我看来是错的。——只有在"它是他的语言游戏的稳定基础"这层意义上，它才是真理。

404. 我想说，并不是人们在某些点上带着完全的确定性知道这一真理。而是这种完全的确定性仅与他们的态度有关。

405. 但在这里当然也还有个错误。

406. 我所瞄准的东西也位于"我知道这是……"这个顺带的论断（如同它在日常生活中被使用的那样）和哲学家给出的同一个表达的区别之中。

407. 因为，如果摩尔说"我知道这是……"，那么我想要回答"你什么也不**知道**！"对于不带哲学意图地这样说的人，我不会这样回答。就是说，我觉得（这样对吗？）二者想要说的是不同的东西。

408. 因为，如果一个人说他**知道**如此这般的东西，并且这是他的哲学的一部分，——那么这哲学就是错的，如果他迷失在那个陈述中的话。

409. 如果我说"我知道这是一只脚"——我到底说了什么呢？整个要点难道不就是我确定于如下这个结果吗？即若另一个人产生了怀疑，那我就可以对他说"你瞧，这个我对你说过的"。如果我的知识作为行为准则失效了，那么它还会有价值吗？难道它**不能**失效吗？

3月20日

410. 我们的知识构成了一个巨大的系统。单个知识只有在这个系统中才有我们给予它的价值。

411. 如果我说"**我们假设**地球已经存在了很多年"（或诸如此类的），那么，我们要**假设**这样的东西，这听起来当然是奇怪的。但在我们的语言游戏的整个系统中它属于基础。人们可以说这个假设构成了行为的,因而当然也是思考的基础。

412. 若有人无法设想这样的例子,在这例子中人们可以说"我知道这是我的手"(这样的例子确实挺少的),那此人就可以说这话是胡说。他当然也可以说:"我当然知道它,我怎么可能不知道它?"——但这样一来他或许会将"这是我的手"理解成对"我的手"这个词的**解释**。

413. 因为,假设你牵着一个盲人的手,你将他的手引导到你的手上,同时说"这是我的手"。如果他此时问你"你确定吗?"或者"你知道这一点吗?",那么这只有在十分特殊的情境中才有意义。

414. 但另一方面,我们从何**知道**这是我的手呢?是的,在这里我是否准确知道"这是我的手"这话的意思是什么?——当我说"我从何知道这一点?"的时候,我意谓的并不是我对此有一丝丝的**怀疑**。它在这里是我的全部行动的基础。但在我看来"我知道……"这话错误地表达了它。

415. "知道"这个词（作为一个极好的哲学词汇）的使用难道不是完全错误的吗？如果"知道"有这样的重要性，那为什么"确定"就没有呢？很明显，因为它太主观了。但知道难道不**同样**是主观的吗？人们难道不只是被"'p'得自'我知道p'"这样的语法特征欺骗了吗？

"我相信我知道它"不一定表达了较少的确定程度。——是的，但人们并不想表达主观确定性，甚至不想表达最高的主观确定性，而是这个，即某些命题似乎位于所有问题和思考的根基处。

416. 比如"我在这个房间里生活了几个星期""在这一点上我的记忆没有欺骗我"就是这样的句子吗？

——"确定超出了所有合理的怀疑"[1]——

3月21日

417. "我知道我上个月每天都洗澡。"我回忆起的是什么？是每一天和每天早上的洗澡？不是的。我**知道**我每天都洗澡，我并不是从另外的直接材料中推断出这一点的。类似地，若我说"我在手臂上感到刺痛"，这个位置也不是通过其他方式（比如通过一幅图画）进入我的意识的。

418. 是不是我的理解力只是没有看到我自己的不理解？对我来说似乎经常是这样的。

419. 如果我说"我从未去过小亚细亚"，这则知识是从何而来的呢？它不是我算出来的，也没人告诉过我，是我的记忆告诉我的。——那么对此我不可能搞错？这里有一个我**知道**的真理吗？——我不能在不放弃所有其他判断的

---

[1] 原文为英文"certain beyond all reasonable doubt"。——译者注

情况下放弃这个判断。

420. 即使是像"我现在生活在英格兰"这样的命题也有这样的两面：它不是一个**错误**，但是另一方面，我对英格兰又知道些什么呢？我的判断难道不可能完全错了吗？

人们进入我的房间，他们都告诉我相反的情况，为这些情况向我提供"证明"，我突然就像一个孤身位于完全正常的人之中的疯子，或者就像一个孤身位于疯子之中的正常人，这难道不可能吗？我难道不能去怀疑那些现在对我而言最无可置疑的东西吗？

421. 我在英格兰。——所有围绕着我的东西都这样告诉我，一旦我让我的思想游离开去，不管游离到哪里，它们就会向我证实这一点。——但是，如果我目前从未能梦到的事情发生了，难道我不会疯狂吗？

422. 因此我想要说某种听起来像实用主义的东西。

这里有一种世界观挡住了我。

423. 为什么我不和摩尔一样说"我**知道**我在英格兰"？**在特定的情境中**（我能设想这样的情境），这样说是有意义的。但是，如果我不在这些情境中说出这个句子，并作为我确定认识的那种类型的真理的例子，那么它对我来说立刻就变得可疑了。——这对吗？？

424. 我说"我知道p"，要么为了保证我也知道p这个真理，要么只是作为对⊢p[1]的强调。人们也说"我不是**相信**它，我**知道**它"。人们也会这样来表达这一点，即（比如）"这是一棵树，这不只是一个猜测"。

但是，"如果我告诉某人这是一棵树，那么这就不只是一个猜测"又怎样呢？这不就是摩尔想说的吗？

425. 它不是一个猜测，我能带着绝对的确

---

[1] "⊢"是弗雷格发明的断定符号，表示对符号后面的命题的断定。——译者注

定性，将其作为对此不会有任何怀疑的东西告诉别人。但这是否意味着它绝对是真理？我带着全部的确实性识别为一棵树的东西，我在这里看了一辈子的东西，难道不能作为某种其他的东西而显露自身吗？它难道不会让我惊讶吗？

然而在这个情境（它赋予这个句子以意义）中说"我知道（我不只是猜测）这是一棵树"是对的。说"我实际上只是相信它是一棵树"则是错的。说"我相信我叫路德维希·维特根斯坦"是彻底**引人误解**的。说"我对此不会**搞错**"是对的。但这并不意味着我在这一点上不会出差错。

3月21日

426. 但是，该如何向一个人**表明**我们不仅**知道**关于感觉材料的真理，还知道那些关于事物的真理？因为另一个人向我们保证**他**知道这个是不够的。

为了表明这一点，人们该从哪里入手呢？

3 月 22 日

427. 人们必须表明,即使他从未使用过"我知道……"这句话,他的行为也表明了对我们来说重要的东西。

428. 若一个行为正常的人向我们保证:他只**相信**他叫如此这般的名字,他**相信**自己认识那些固定的室友,他相信自己在刚好没看到自己的手脚时还是有手和脚的,等等,那又怎样?我们能否以他的行为(和话语)向他表明情况不是这样的?

3 月 23 日

429. 当我并未看着我的脚指头的时候,我有什么理由假定我的每只脚有五个脚指头呢?

理由就是过去的经验总是教给我这一点,这样说对吗?比起我有十个脚指头,我对以前的经验更确定吗?

那些过去的经验可能会是我现在的确定性的**原因**,但它是它的理由吗?

430. 我遇到了一个火星人,他问我:"人类有几个脚指头?"——我说:"十个,我让你看一下。"然后把鞋子脱了。如果他惊奇于尽管我没看过我的脚指头,但却带着这样的确定性知道这一点——那我是否应该说"我们人类知道我们有几个脚指头,不管有没有看到它们"?

3 月 26 日

431. "我知道这个房间在第二层,知道门后面有一条短短的通道通往楼梯,等等。"可以设想这样的情况,在其中我会给出这个表达,但这样的情况会非常少。但是,另一方面,我每天都通过我的行为及话语显示出这种知识。

那么,从我的这些行为和话语中,另一个人得出什么呢?难道不只是我确定于这些事情吗?——从我多个星期以来一直住在这里,并且每天上下楼梯中,另一个人会得出我**知道**我的房间在哪里。——如果他还是**不**知道这些(他必定会从这些中推断出我知道),那么我就会使用"我知道……"这个保证。

432. "我知道……"这个表达只有与"知道"的其他证据结合在一起才有其意义。

433. 因此,如果我对某人说"我知道这是一棵树",那么这就像我对他说"这是一棵树,你完全可以信赖这一点,这里没有任何怀疑"。哲学家只有在想要表明人们确实使用这种形式的话语时才能使用这句话。但是,如果这不仅应是一个关于德语语法的评论,那么他必须给出这个表达式在其中起作用的情境。

434. 那么是**经验**教会我们,在这样那样的情境中人们知道如此这般的东西?经验确实向我们表明,一般情况下一个人在一幢房子里生活多少多少天后,就熟悉了这幢房子。或者,经验教会我们某个人在学习了多少多少时间后,他的判断就是可信的了。经验告诉我们,为了能够做出正确的预言,他必须学习了多长的时间。但是——

3月27日

435. 人们常被一个词迷惑。比如被"知道"这个词。

436. 上帝受我们的知识限制吗?我们的有些陈述难道**不能**是假的吗?因为这就是我们想要说的。

437. 我倾向于说:"这不**可能**是假的。"这是有趣的,但它有什么结果呢?

438. 做出"我知道这里那里发生了某些事情"的保证是不够的,——如果我无法给出理由让别人确信我能够知道这些的话。

439. "我知道这扇门后面有一个通道和楼梯通向底层"这个陈述听起来如此令人信服,也只是因为每个人都假定我知道它。

440. 这里是某种一般性的,而不仅是个人性的东西。

441. 在法庭上，仅有证人的"我知道……"这个保证不会让任何人信服。必须表明证人是能够知道的。

即使是某人一边看着自己的手，一边给出的"我知道这是一只手"这个保证也并不可靠，如果我们不知道这个陈述所处的情境的话。如果我们知道了，那么它似乎就保证了说话者在这方面是正常的。

442. 难道不可能是我**想象**自己**知道**某些东西吗？

443. 设想一种语言中没有与我们的"知道"相对应的词。——他们只是说出断言。比如"这是一棵树"，等等。他们当然有可能搞错。这时他们就为这个句子添加了一个符号，这符号表明了在他们看来一个错误有多大的可能——或者我是否应该说"错误在这种情况下有多大的可能"？后者也可以借助对某些情境的陈述而显示出来。比如"当 A 对 B 说……的时候，我站在离他们很近的地方，而且我的耳朵蛮灵的"或者"A昨天在某个地方。我远远地看到了他。我的眼睛没有那么好",或者"那里有一棵树。我清楚地看到了它,而且曾无数次地看到过它"。

444. "火车两点钟出发。为了确定起见,再核查一遍"或者"火车两点钟出发。我刚在一张新的时刻表上查看过"。人们也可以补充说"在这种事情上我是可靠的"。这种补充的有用性是明显的。

445. 但是,如果我说"我有两只手"——那么,为了表明我是可靠的,我该补充些什么呢?最多就是:情境是日常的情境。

446. 为什么我如此确定这是我的手?整个语言游戏难道不依赖于这种确定性吗?
或者,在这语言游戏中这种"确定性"难道不是(已经)预设好了吗?其途径就是,若一个人没有确定地认出这些对象,那么**他**就没在玩这个游戏,或者在错误地玩这个游戏。

3 月 28 日

447. 将其拿来与 12 × 12 = 144 比较一下。我们在这里也不说"也许"。因为,只要这个命题依赖于我们没有数错或算错,我们的感官在计算时没有欺骗我们,那么数学命题和物理命题这二者就位于相同的层面上。

我想要说,物理的游戏和算术的游戏恰恰一样确定。但这是会被误解的。我的评论是一个逻辑的,而不是心理的评论。

448. 我想要说,如果人们并不惊奇于算术命题(比如乘法口诀表)是"绝对确定的",那么为什么他们要惊奇于"这是我的手"这个句子也一样绝对确定呢?

449. 某些东西必须作为基础而教给我们。

450. 我想要说,我们的学习有着"这是一株紫罗兰""这是一张桌子"这样的形式。当然,孩子可能在"这可能是一株紫罗兰"这句话中第一次听到"紫罗兰"这个词,但他可以问"什么是紫罗兰?"这样的问题。这个问题也许可以借助给他展示一幅**图画**来回答。

但是,如果只是在展示图画的时候说"这是一株……",否则就总是说"这也许是一株……",又怎么样呢?——这会有什么实际结果?

一个怀疑一切的怀疑就不是怀疑。

451. 我对摩尔的反驳,即"这是一棵树"这个孤立的句子的意义是不确定的,因为这个被说成是一棵树的"**这**"是什么,是不确定的——是没用的。因为人们可以说比如"那边那个看起来像一棵树的东西不是树的人造仿制品,而是一棵真的树",以此来让它的意义变得更为确定。

452. 怀疑那是一棵真的树还是树的人造仿制品,是不理性的。

重要的不是它对我来说是(好像是)没有怀疑的。如果怀疑在这里是不理性的,那么这也不能从我的看法中看出来。于是必须给出一条规则来表明这里的怀疑是不理性的。但不存在这样的规则。

453. 我确实说："在这里每个理性的人都不会怀疑。"——可否设想一个博学的法官被问到一个怀疑是理性的还是不理性的？

454. 是有这样的例子，怀疑在其中是不理性的；但也有另外的例子，怀疑在其中似乎是逻辑上不可能的。在二者之间似乎不存在清晰的界限。

3月29日

455. 所有语言游戏都依赖于词语和对象被识认出来。我们带着与学会"2×2=4"相同的无情性学会"这是一把椅子"。

456. 如果我怀疑或者不确定这是不是我的手（不管在什么意义上），那么为什么我不也去怀疑这话的意义呢？

457. 那么我是不是想要说确定性位于语言

游戏的本质之中?

458. 人们基于特定的理由而怀疑。问题在于,怀疑是如何进入语言游戏的?

459. 如果,为了保险起见,店家毫无任何理由地想要检查他的每个苹果,那么他为什么不去检查他的检查呢?人们在这里可以谈到信念(我指的是宗教信念这层意义上,而不是猜测意义上的信念)吗?所有心理学词汇在这里只会让我们远离要点。

460. 我去看医生,向他展示了我的手,并且说"这是一只手,而不是手的仿制品;它受伤了,等等"。我此时是否只是给出了一个多余的信息?难道人们不能(比如)说,假设"这是一只手"这句话是一则信息,——那么你如何能够指望他理解这则信息呢?是的,如果"这是一只手"是可被怀疑的,那么为什么"我是一个人"(即将这个告诉医生的那个人)不被怀疑呢?——但是,另一方面,人们能够设想这样的情况（即使很少见），在这里这样的一种说明并非多余，或者只是多余但并不荒谬。

461. 假设我就是医生，一个病人来到我面前，向我展示了他的手，并且说："这里这个看起来像一只手的东西，并不是一个绝佳的仿制品，而真是一只手。"随后他谈到了他的伤口。——我真的会将其视为一则信息（虽然是一则多余的信息）吗？虽然它有着一则信息的形式，但难道我不会宁可将其视为胡说吗？因为，我会说，如果这则信息真有意义，那么他如何能够确定他所说的呢？这则信息缺乏背景。

3月30日

462. 为什么摩尔不说英格兰的某个地方有一个名叫某某村的村庄，并将其也归入他所知道的东西之中呢？换言之，为什么他不提到一个他知道，且不是我们当中的**每个人**都知道的事实呢？

3 月 31 日

463. 当然,"这是一棵树"这则信息,当没人能怀疑它的时候,可以是一句笑话,因而是有意义的。有一次,勒南[1]真的说过这样的笑话。

4 月 3 日

464. 也可以这样来展示我的困难:我和一个朋友坐着谈话。我突然说道:"我一直以来都知道你是某某某。"这真的只是一个多余的(尽管是真的)看法吗?

对我来说,这句话似乎就类似一个人在谈话当中对另一个人说的"你好"。

465. 用"人们如今已知道有多于……种的昆虫"来替代"我知道这是一棵树",那又怎样呢?如果一个人突然在所有语境之外说出这个句子,那么人们可以认为他此时想到了某些其他的东西,并且出声地说出了他思路中的某个句子。或者,他精神恍惚,完全不理解自己说的话。

---

[1] 勒南(Ernest Renan,1823—1892),法国历史学家,闪米特语言专家,哲学家。——译者注

466. 于是在我看来，我好像一直都知道某些东西，然而说出这一点，说出这个真理，却是无意义的。

467. 我和一个哲学家坐在花园里，他不断地说"我知道这是一棵树"，与此同时指着我们边上的一棵树。一个第三者路过并听到了，我对他说："这个人并没有疯，我们只是在做哲学。"

4月4日

468. 某人不切题地说了句"这是一棵树"。他这样说，可以是因为他想起了他在另一个类似的场合中也听过这句话，或者是因为他突然感受到了这棵树的美，而这句话就是一声惊叹，或者他将这句话作为语法例子而对自己说出来（等等）。现在我问他："你是怎么意谓这句话的？"他回答："它当时是一则给你的信息。"如果他疯狂到想要给我这个信息，那么此时我是否可以随意假定他不知道自己在说什么呢？

469. 在谈话中，某人脱离语境地对我说：

"我祝你一切都好。"我感到奇怪,但过了一会我认识到这句话与他关于我的想法有关。现在我觉得它不再是无意义的了。

470. 为什么关于"我叫路德维希·维特根斯坦"不存在任何怀疑?它似乎完全不是那种人们能够不带任何怀疑地确立的东西。人们不应认为这是一个不可置疑的真理。

4月5日
[在这里,我的思想中仍有一个巨大的缺口。我怀疑它是否还会被填满。]

471. 要找到那个**开端**是如此的困难。或者,更好的说法是,从开端处开始是困难的。不要试图后退。

472. 当孩子在学习语言的时候,他们同时也学会了什么可被考察,什么不可被考察。如果他学会了房间里有一个橱柜,人们并不会教他去怀疑他后来看到的东西是否仍是个橱柜,抑或只是一种舞台布景。

473. 正如人们在写字时先学会一种特定的基本形式，后来才改变这形式，人们也是先学会作为规范的事物之恒常性，后来这规范才会变化。

474. 这个游戏证明了自身。这可能是它被玩的原因，但不是理由。

475. 我在这里想要将人类视为动物，视为一种原始的生物，我们相信他们只有本能而不会推理。视为一种处于原始状态的生物。因为我们无须为一种足以用于原始交流的逻辑而感到惭愧。语言并不源自推理。

4月6日
476. 孩子学到的不是书、桌子是存在的，等等，他学到的是去拿一本书、坐在椅子上，等等。

后来当然会出现有关存在的问题，比如"独角兽存在吗？"，诸如此类。但是，仅当一般说来任何与之相应的问题不出现时，这样一个问题才是可能的。因为人们怎么知道该如何使自己相信独角兽的存在呢？人们怎么学会那种确定某个东西是否存在的方法呢?

477."那么,在通过指物解释教孩子某个物品的名称时,人们必须知道这个物品是存在的。"——为什么人们必须知道?经验后来不会证实其反面,这难道还不够吗?

为什么语言游戏得依赖于某种知识?

4月7日

478.孩子相信牛奶存在吗?或者他知道牛奶存在?猫知道老鼠存在吗?

479.我们是该说"物理对象存在"这个知识是很早就出现,还是很晚才出现的?

4月8日

480.孩子学习使用"树"这个词。人们和这个孩子一起站在一棵树面前,并且说"多么美的树!"。很清楚,在这个语言游戏中不存在关于树是否存在的怀疑。但人们能否说这个孩子**知道**树存在?"知道某些东西"不包含"**想到**

它",这一点当然是真的——但一个知道某些东西的人难道不是必须能够进行怀疑吗?怀疑意味着想。

481. 如果人们听到摩尔说"我**知道**这是一棵树",那么他们立刻就理解了那些发现这根本未被确定下来的人。

对人们而言事情突然变得不清晰和模糊了。就好像摩尔让错误的光落到了它上面。

就好像我看到了一幅油画(也许是一幅舞台背景),我从远处马上不带丝毫怀疑地认出了它展现的东西。但现在我走近了,此时我看到了颜色不一的很多色块,全都十分模糊,完全给不出任何确定的东西。

482. 就好像"我知道"无法承受形而上学的重音。

483. "我知道"这句话的正确用法。一个近视的人问我:"你是否相信我们在那里看到的是一棵树?"——我回答:"我**知道**这一点。我清楚地看到了它,我熟悉它。"A 问:"某某人在家吗?"——我:"我相信在家。"——A:"他昨天在家吗?"——我:"他昨天在家,我知道这一点,昨天我和他说过话。"

A:"你是知道,还只是相信这幢房子的这部分是最近建造的?"——我:"我**知道**这一点,我向某某人打听过。"

484. 因此人们在这里说"我知道"并给出知道的理由,或者能够给出理由。

485. 可以设想这样一个例子,一个人审阅着一张命题表,同时不断地问自己:"我是知道,还只是相信这个?"他想要核查每个命题的确定性。这可能与法庭证词有关。

4月9日
486. "你是知道,还只是相信你叫路德维希·维特根斯坦?"这是个有意义的问题吗?

你是知道,还只是相信你在这里写下的是德语词?你是否只是相信"相信"有**这个**意义？**哪个**意义？

487. 什么是我**知道**某些东西的证明？肯定不是我说我知道。

488. 那么，当作者们列举他们**知道**的所有东西时，这什么也没有证明。
人们可以知道一些有关物理对象的东西，这一点不能借助那些相信自己知道这些东西的人的保证来证明。

489. 因为，对于一个说"我认为你只是觉得自己知道这一点"的人，人们该如何作答？

490. 如果我现在问道："我是知道，还只是相信我叫某某某？"那么朝我内部看是没用的。
但我可以说，我不仅对于我叫某某某没有丝毫的怀疑，而且，如果我对此提出怀疑，那么我对所有判断都不能确定了。

4 月 10 日

491."我是知道，还只是相信我叫路德维希·维特根斯坦？"——嗯，如果这个问题的意思是"我是确定，还只是猜测我叫……？"，那么人们便可以信任我的回答。

492.也可以这样来表达"我是知道，还只是相信……？"：迄今为止我觉得免于怀疑的东西**似乎**被证明是错误的假设，那又怎样？此时我会不会像一个信念被证明为假时那样反应？或者这看起来是不是挖掉了我判断的基础？——但我在此想要的当然不是一个**预言**。

我会不会只是说："我从未想过这一点！"——或者我会（不得不）拒绝修正我的判断，因为这样的一种"修正"就等于毁了所有的标准？

493.那么，是不是为了能够判断，我必须承认某些权威？

494."我不可能在不放弃所有判断的情况下去怀疑这个命题。"

但这是一个什么命题呢？（它让人想起弗雷格关于同一律说过的话。[1]）它当然不是经验命题。它不属于心理学。不如说它有着规则的性质。

495. 对于某个想要对毫无疑义的命题提出异议的人，人们可以干脆说："噢，胡说！"因此并不在回答他，而是在斥责他。

496. 这个例子就类似于表明"一个游戏总是被错误地玩着"这个说法毫无意义的例子。

497. 如果某人总想在我这里唤起怀疑，并且说"在这里，你的记忆欺骗了你；在那里，你被骗了；在那里，你还是没能完全足够地确信"，等等，我不让自己被动摇，并且坚持我的确定性，——那么这样做不可能是错的，因为它首先就定义了一个游戏。

---

1 《算术的基本法则》的"编辑导言"的第 18 页。——原注

4月11日

498. 奇怪的是,某人用"胡说!"这话来反驳那个用基础中的怀疑来糊弄他的企图,我觉得这个做法完全正确,但一旦他想要用"我知道"这话来为自己辩护,我就认为这是不对的了。

499. 我也可以说,"归纳原则"和某些关于经验材料的单个定律一样,都是没有**理由**的。

500. 但我觉得"我知道归纳原则是真的"也是胡说。

设想有人在法庭上给出了这样一个陈述。"我相信归纳原则"会更正确一些,这里的"相信"与**猜测**无关。

501. 我是不是正逐渐接近"逻辑最终是不可描述的"这个说法?你必须仔细查看语言的实践,然后你会看到它。

502. 如果我的报告总是或者在大部分情况

下都与其他人的证词相矛盾,那么我是否能够说"我闭着眼睛也知道我手的位置"呢?

503. 我看着一个对象,说"这是一棵树"或者"我知道这是一棵树"。——现在我走近了,它被证实是其他的东西,于是我可以说"它毕竟不是一棵树"或者"它**那时是**一棵树,但现在不是了"。但如果所有其他人都反对我,都说它从来就不是一棵树,而且如果所有其他的证据都反对我——那么坚持"我知道这是一棵树"对我又有什么**用处**呢?

504. 我是否**知道**某些东西,这取决于证据是支持我还是反对我。因为说人们知道他们疼是无意义的。

505. 一直以来都是由于自然的恩赐,人们才知道某些东西。

506. "如果我的记忆在这里欺骗了我,那么它可以在所有地方都欺骗了我。"

若我不知道**这个**，那我怎么知道我的词语意谓的是我相信它意谓的东西呢？

507. "如果这个欺骗了我，那么'欺骗'还意味着什么呢？"

508. 我能信赖什么呢？

509. 实际上我想说，仅当人们信赖一些东西的时候，一个游戏才是可能的。（我说的不是"能够信赖一些东西"。）

510. 如果我说"我当然知道那是一块毛巾"，那么我给出了一个**表达**。我没有想到验证。它对我来说是一个直接的表达。

我没有想到过去或未来。（摩尔当然也一样。）它完全就像一种直接的抓取，就像我不带任何怀疑地抓住一块毛巾。

511. 但这种直接的抓取并不对应着一种知识，而是一种**确定性**。

但难道我不也是以这样的方式抓住事物的名称吗？

4月12日

512. 问题仍然在于："若你在这些最根本的事物上也必须改变你的看法，那又怎样？"我觉得对此的回答是："你**不必**改变你的看法。它们之所以是'根本的'，恰恰就在于此。"

513. 如果某些**真正闻所未闻**的事情发生了，那又怎样？比如，如果我看到一幢房子在没有任何明显原因的情况下变成了蒸汽，如果草地上的家畜都倒立着，笑着说着一些可理解的话，如果树木逐渐变成人而人逐渐变成树木，那又怎样？面对所有这些事件，我说"我知道这是一幢房子"或干脆"这是一幢房子"，这样对吗？

514. 这个陈述对我而言是根本性的。若它为假，那还会有什么"真"和"假"呢？！

515. 如果我的名字**不是**路德维希·维特根

斯坦,那么我怎能信赖"真"和"假"所意谓的东西呢?

516. 如果某些可能会在我这里引起对其怀疑的事情发生了(比如,如果某人对我说了一些东西),那么自然也存在某些让这种怀疑的理由本身显得可疑的东西,于是我就能决定保持我过去的信念。

517. 但是,难道不可能发生一些让我完全脱离轨道的事情吗?某些证据让最确定的东西变得对我不可接受?或者导致我放弃我最根本性的判断?(是对是错在这里毫无差别。)

518. 我能否设想在另一个人那里观察到这一点?

519. 当你遵从"给我拿本书"这个命令的时候,你当然有可能必须检查一下你在那里看到的实际上是不是一本书,但这样一来你还是知道人们在"书"之下理解的是什么;如果你不知道这一点，那么你或许可以去查一查，——但这样一来你还是必须知道另一个词意谓的是什么。一个词意谓的是如此这般的东西，以这样那样的方式被使用，这仍是一个经验事实，正如"那个物品是一本书"这个事实那样。

因此，为了能够遵从一个命令，关于某些经验事实你必须没有任何的怀疑。怀疑依赖于免于怀疑的东西。

但这样一来语言游戏就是某种由在时间中反复进行的游戏行为所构成的东西，于是好像人们在任何**单个**例子中都不能说如果要存在一个语言游戏，那么这样那样的东西必须不被怀疑，但或许能说**一般情况下**某些经验判断必须不被怀疑。

4 月 13 日

520. 摩尔有很好的权利说他知道他面前有一棵树。对此他当然也可能搞错。（因为这里这个说法并不像"我相信那里有棵树"这一表达。）但是，在这个例子中，他是对还是错，这并没有哲学上的重要性。如果摩尔要反对那些主张人们实际上不可能知道这样的东西的人，那么他是不能用保证**他**知道这样的东西来做到这一点的。因为人们无须相信他。如果他的对手主张人们不可能**相信**这样那样的东西，那么摩尔可能就会用"**我相信它**"来回答他们。

4月14日
521. 摩尔的错误就在于用"我知道它"来反驳"人们不可能知道它"这个看法。

522. 我们说，如果孩子掌握了语言——因而掌握了它的应用，那么孩子必须知道词语的意义。比如，他必须能够在没有任何怀疑的情况下为某个白色或黑色或红色或蓝色的物品附上其颜色名称。

523. 是的，在这里没人会惦记着怀疑，没人会惊奇于我们并不仅仅在**猜测**词语的意义。

4月15日
524. 对于我们的语言游戏（比如"命令和

遵从"）而言，怀疑在某处的不出现是不是本质性的呢？或者是不是有了确定的感觉（虽然带着一丝轻微的怀疑的气息）就已足够？

因此，倘若我不是像现在这样没有任何怀疑介入地、**毫不犹豫地**将某个东西称为"黑色的""绿色的""红色的"——而是说"我确定[1]这是红色的"，就好像人们说"我确定他今天会来"那样（因而带着"确定的感觉"），那么这是否就已足够？

相伴随的感觉对我们来说当然是无关紧要的，我们也同样不必为"我确定……"这句话而担忧。——重要的是语言的**实践**中是否有一种相应的区别。

人们可以问，他是否会在我们带着确定性给出报告的所有场合（比如，在一次实验中，我们观察一根管子并报告我们通过这根管子观察到的颜色）都说"我确定"。如果他这样做，那么人们首先会倾向于核查他的陈述。如果事实证明他是完全可靠的，那么人们就会宣布他

---

[1] 此处的"确定"仍不是"确定性"。可见本书第 103 页的脚注。——译者注

的说话方式只是一种怪癖，与事实无关。比如，人们可以假设他读过怀疑主义哲学家的著作，坚信人们什么也不可能知道，因此染上了这样的说话方式。一旦我们熟悉了这种说话方式，那么它对实践就没有什么影响了。

525. 那么，一个人与颜色名称的关系确实不同于比如我们与它们的关系，这种例子看起来会是怎样的呢？换言之，在这个例子中，一种轻微的怀疑或怀疑的可能性持续存在于颜色名称的应用之中。

4月16日

526. 一个人看着英国的邮筒说"Ich bin sicher, er ist rot"[1]，我们一定会认为此人是色盲，或者认为他并未掌握德语，且知道另一种语言中的正确的颜色名称。

---

[1] 德语，译成汉语是"我确定它是红色的"。英国的邮筒一般是红色的。这个评论的落脚点在"我确定"中的"确定"一词上。就像一个中国人说"我确定邮筒是绿色的"，这里用"确定"一词至少是十分古怪的。——译者注

如果不是这两种情况,那么我们就无法正确地理解他。

527. 一个将这种颜色称为"rot"的德国人并不"确定它在德语中叫作'rot'"。一个掌握了词语的用法的孩子并不"确定这种颜色在他的语言中叫作**这个**"。人们也不能说这个孩子在学习说话的时候学会的是这种颜色在德语中是这样被称呼的,也不能说当他学会词语的用法时他**知道**了这个。

528. 尽管如此,如果某人问我这种颜色在德语中叫什么,我告诉了他,他问我"你确定吗?",那么我会回答:"我**知道**这一点,德语是我的母语。"

529. 一个孩子也会说别人或自己"已经知道这个那个叫什么"。

530. 我可以对另一个人说"这种颜色在德语中叫'rot'"(比如当我教他德语的时候)。

在这样的情况下,我不会说"我知道这种颜色在德语中叫'rot'",——当我自己刚好学到了这个,或者将其与另一种我还不熟悉其德语名称的颜色相对照的时候,我也许会这样说。

531. 但是,用"我知道这种颜色用德语怎么说"来描述我当下的状态难道不对吗?如果这是对的,那么为什么我不该用相应的"我知道……"这话来描述我的状态呢?

532. 因此,如果摩尔坐在一棵树前面,说"我知道这是一棵树",那么他表达的只是关于他当时状态的真实情况。

[我现在做哲学就像一位老太太,总是找不到东西,不得不一再地寻找它们。有时是眼镜,有时是钥匙串。]

533. 如果在语境之外描述他的状态是对的,那么在语境之外说出"这是一棵树"也一样是对的。

534. 但说"掌握了一种语言游戏的孩子肯定**知道**一些东西"是错的吗?

如果人们不说这个,而说"必须**能够做**一些事情",那么这就是一个赘述,不过我恰恰想用**它**来反驳第一句话。——但"孩子学会了一则博物学知识"却预设了孩子能够问这样那样的植物叫什么。

535. 如果孩子能正确地回答"这叫什么?"这样的问题,那么他知道某个东西叫什么。

536. 刚开始学习语言的孩子当然完全没有"**叫作**"这个概念。

537. 对于一个还没有这个概念的人,人们是否可以说他**知道**这样那样的东西叫什么?

538. 我想说,孩子学会以如此这般的方式做出反应,如果他这样做了,那么他仍然什么也不知道。知识在更后面的阶段才会产生。

539. 知道的情况是不是就像收集？

540. 狗能够学会听到"N"这声呼叫的时候就跑向 N，听到"M"的时候跑向 M，——但它知道他们叫什么吗？

541. "他只知道这个人叫什么，但不知道那个人叫什么。"严格说来，人们不能这样说一个根本还没有"人是有名字的"这个观念的人。

542. "如果我不知道这种颜色叫'红色'，那么我就不能描述这朵花。"

543. 远在能够以任何形式说"我知道这个人叫什么，但还不知道那个人叫什么"之前，孩子就能使用人的名字了。

544. 我当然可以合乎事实地说"我知道在德语中这种颜色叫什么"，同时指着比如新鲜血液的颜色。但是——

4 月 17 日

545. "孩子知道'蓝色'一词意谓的是哪种颜色。"他知道的东西没那么简单。

546. 如果涉及的比如是一种并不是人人都知道其名称的色调,那么我就会说"我知道这种颜色叫什么"。

547. 对于一个刚刚开始说话并能使用"红色""蓝色"这些词的孩子,人们还不能说"你知道这种颜色叫什么,不是吗?"

548. 在能够问一种颜色的名称之前,孩子必须先学会颜色名称的用法。

549. 当那里有一把椅子的时候,说"我只能说'我知道那里有一把椅子'"是错的。这样说固然是**真的**,但如果我**确定**那里有一把椅子(即使我错了),我就有权利这样说。

[自负是加在哲学家的思考能力之上的一种负担。]

4月18日

550. 如果某人相信某些东西，那么人们没必要总是能够回答"他为什么相信"这个问题，但如果他知道某些东西，那么"他是怎么知道的"这个问题必须能够被回答。

551. 如果人们去回答这个问题，那么这必须按照公认的准则来进行。**以这样的方式**，人们可以知道那样的东西。

552. 我是否知道我此刻坐在一把椅子上？——难道我不知道？！在目前的情境下，没人会说我知道这一点，但同样也不会有人说比如我是有意识的。人们一般情况下也不会这样说街上的行人。

但是，即便人们不说，它就因此不**是**这样的吗？？

553. 这很奇怪，如果我没有任何特定原因地说"我知道"，比如"我知道我此刻坐在一把椅子上"，那么我觉得这个陈述是无理而蛮横的。但如果我在需要给出这个陈述的地方给出相同的陈述，那么，尽管我一点也没有更确定它为真，但我觉得它是完全合理而日常的。

554. 在它的语言游戏中，它并不蛮横。它所处的位置并不比人类的语言游戏更高。因为在这里它有着受限的应用。

但当我在它的语境之外说出这个句子的时候，它就出现在一道错误的光线之下了。因为这样一来情况就好像是我想要保证某个东西是**我知道**的。对此上帝本人也无法对我说些什么。

4月19日

555. 我们说我们知道被置于火上的水会沸腾。我们是怎么知道的？经验将它教给了我们。——我说"我知道我今天早上吃了早饭"，经验并未将它教给我。人们也说"我知道他疼"。语言游戏每次都是不一样的，我们每次都是**确定的**，人们每次都同意我们，即我们是**能够**知道的。因此每个人都可以在课本上找到物理学定理。

如果某人说他**知道**某些东西，那么这个东西必须是他——按照一般性判断——能够知道的东西。

556. 人们不说他能够相信这个。

但人们会说："在这种情况下假定（或相信）这个是合理的。"

557. 一个军事法庭可能要判断，在这样那样的情况下确定地（即使是错误地）做出如此这般的假定是不是合理的。

558. 我们说，我们知道水在这样那样的情境中会沸腾，而不会结冰。能不能设想我们在这一点上搞错了呢？这个错误难道不会拽倒所有的判断吗？还有，如果它倒下了，还有什么能立起来呢？一个人能否发现一些东西，然后我们说"它曾是个错误"？

不论将来可能会发生什么，不管水将来会怎么样，——我们**知道**它到目前为止在无数情况下都是**这样的**。

这个事实被注入我们的语言游戏的根基之中。

559. 你必须记住,语言游戏可以说是某种不可预见的东西。我的意思是,它是没有理由的。它不是合理的(也不是不合理的)。

它就在这里——就像我们的生活。

560. "知道"这个概念与"语言游戏"这个概念是联结在一起的。

561. "我知道"和"你可以信赖这个"。但人们不能总是将第二个放在第一个的位置上。

562. 想象一种其中不存在**我们的**"知道"概念的语言,无论如何都是重要的。

563. 人们说"我**知**道他疼",尽管他们无法为其给出令人信服的理由。——这和"我确定他疼"是不是一样呢?——不。"我确定"给你一种主观的确定性。"我知道"意味的是在"知道这一点的我"和"不知道这一点的他人"之间存在一种理解上的区别。(也许这建基在经验程度的区别之上。)

如果我在数学中说"我知道",那么对其的辩护就是一个证明。

如果人们在这两个例子中不说"我知道",而是说"你可以信赖这个",那么两个例子的理由是不一样的。

而理由有一个终点。

564. 一个语言游戏:去拿建筑用石,报告现有石头的数量。这个数量有时是估计出来的,有时是数出来的。因此会有"你是否相信有这么多的石头?"这样的问题,对其的回答是"我知道,我刚刚数过"。但在这里"我知道"也可以被省去。但是,如果存在好几种搞清楚情况的可靠方式,比如数一数、称一称、一堆一堆地测量,等等,那么"我知道"这个陈述就可以替代关于**如何**知道的说明。

565. 但这里根本没有谈到这个叫"板石"、**那个**叫"柱石"等"知识"。

566. 是的,学习我说的那种语言游戏[1]的孩子并不学习去说"我知道这叫'板石'"。

当然也有这样的语言游戏,在其中孩子使用**这个**句子。这预设了只要孩子得到这个名称,他就已经能够使用它。就像某人对我说"这种颜色叫作……"——因此,如果孩子已经学会了有关建筑用石的某个语言游戏,那么人们也许可以对他说"这块石头叫作……",人们以此**扩展了**原先的语言游戏。

567. 我关于我叫路德维希·维特根斯坦的知识与关于水 100 摄氏度沸腾的知识是不是同一类型的?当然,这个问题问得不对。

568. 如果我的某一个名字很少被用到,那么我可能不知道它。我知道我的名字这一点之

---

[1] 可见《哲学研究》第一部分第 2 节。——原注

所以是不言自明的，乃是因为我和其他每个人一样，无数次地使用了它。

569. 一种内在的体验不能向我表明我**知道**一些东西。

如果尽管如此我还是说"我知道我叫……"，而且它明显不是一个经验命题，那么——

570. "我知道我叫某某某，我们每个成年人都知道自己叫什么。"

571. "我叫……，你可以信赖这一点。如果它被证明为假，那么你将来永远无须再相信我了。"

572. 我似乎知道，对于（比如）我自己的名字，我是不可能搞错的！"如果这错了，那么我疯了"这话就表达了这一点。好吧，但这是一句话，而这句话对语言的应用有什么影响？

573. 是否要借助如下这一点，即任何东西都不会让我确信其反面？[1]

574. 问题是："我知道对此我不可能搞错"或者"对此我不可能搞错"是什么**种**类的命题？

这个"我知道"在这里似乎切断了所有的理由。我就是**知道**。但是，如果这里真的能谈到一种错误，那么"我是否知道它"必须是可被检验的。

575. 因此，"我知道"这个词的目的可以是指出我在哪些地方是可靠的，但就此而言这个符号的有用性就必须来源于**经验**了。

576. 人们可以说"我怎么知道关于我的名字我没有搞错？"——如果对其的回答是"因为我如此频繁地使用它"，那就可以继续问："我怎么知道**对此**我没有搞错？"这个"我怎么知道"在这里不可能再有任何意义。

---

1 接上一句话，"借助……"而对语言的应用产生影响。——译者注

577."我完全确定地知道我的名字。"

我将拒绝考虑任何一个想要证明其反面的论证!

"**我将**拒绝"是什么意思?它在表达一个意图吗?

578. 但一个更高的权威难道不能向我保证我不知道这些真实情况吗?因此我必须说"教教我!"但这样一来我的眼睛必须要被打开。

579. 每个人都带着最大的确定性知道他们的名字,这一点是与人名相关的语言游戏的一部分。

4 月 20 日
580. 情况也可能是,每次我说"我知道它",它都被证明为假。(表明。)

581. 但我可能还是忍不住并继续保证"我知道……"。

但孩子是如何学会这个表达式的呢?

582. "我知道它"可以意味着,我对它挺熟悉。——但也可以是:它一定是这样的。

583. "我知道在某种语言中它叫……。"你是怎么知道的?——"我学过这种语言。"我在这里能不能用"在某种语言中这叫……"来替代"我知道这一点"?

584. "知道"这个动词仅仅被用在"你怎么知道它?"这个问题之中(这问题跟在一个简单的断言之后),这可能吗?——人们不说"我已知道这个",而是说"我熟悉它",这仅仅跟在一个事实报告之后。但人们用什么话来替代"我知道这是什么"呢?[1]

585. 但"我知道这是一棵树"所说的难道不是某种不同于"那是一棵树"所说的东西吗?

586. 不说"我知道这是什么",人们可以

---

1 最后这句话是后来加上去的。——原注

说"我能说这是什么"。如果人们采用了这样的表达方式，那么"我知道这是……"会成为什么呢？

587. 让我们回到"我知道这是一棵树"所说的是不是某种不同于"这是一棵树"所说的东西这一问题。——第一个句子提到一个人，第二个没有。但这并未表明它们有着不同的意义。不管怎样，人们常常用第二个句子来替代第一个，并且常常给它一种特殊的语调。因为，在给出一个无争议的论断之时，以及在面对异议维护这个论断之时，人们说得是不一样的。

588. 但我用"我知道这是一棵树"这句话所说的难道不是我处于一种特定的状态中，而单单"这是一棵树"这个断言并未在说这个吗？不过人们确实常常用"你怎么知道？"来回应这样的断言。——"但这只不过因为'我断定这个'这一事实表明了我相信自己知道它。"——可以这样来表达这一点：动物园里可能有"这是斑马"这样的标牌，但不会有"我知道这是斑马"。

只有当被一个人说出来的时候,"我知道"才是有意义的。但是,说出的是"我知道……",还是"这是……",是无关紧要的。

589. 一个人到底是如何学会识别他那个"知道的状态"的?

590. 在说到"我知道这是什么"的地方,人们倒可以谈到"对某种状态的识别"。他们在这里可以确信自己真的具有这种知识。

591. "我知道那是一种什么树。——它是一棵栗子树。"

"我知道那是一种什么树。我知道它是一棵栗子树。"

第一个说法听起来比第二个更自然。仅当人们想要特别强调这种确定性的时候,或许是为了抢在某个反对意见之前,他们才会第二次说"我知道"。这里第一个"我知道"的意思大概是:我能够说。

但在另一个例子中,人们可能会用"这是

一棵……"这个断言来开始,然后,在遇到反对意见的时候说"我知道这是一棵什么树"并以此来强调这种确定性。

592. "我能够说这是一种什么树,换言之,我很确定。"

593. 即使人们能够用"它是如此这般的"来替代"我知道它是如此这般的",人们仍然不能用对一者的否定来替代对另一者的否定。

一种新的元素伴着"我不知道……"进入了语言游戏。

4月21日

594. 我的名字是"路德维希·维特根斯坦"。如果某人否认这一点,那么我立刻就会打造出无数的联系来确保这一点。

595. "但我仍然能够设想这样一个人,他制造出了所有这些联系,但其中没有一个是与现实相符的。为什么我不该处于与此类似的情况中呢？"

如果我去设想这样的人，那么我设想的是围绕着他的一种现实，一个世界，以及他违背这个世界地思考（和说话）。

596. 如果一个人告诉我他的名字是某某某，那么对我来说问他"对此你会不会搞错？"是有意义的。这是语言游戏中一个正规的问题。回答"会"和"不会"，都是有意义的。——这回答当然也不是不可错的，换言之，这回答以后可能会被证明为假，但这并不妨碍"对此你会不会搞错？"这个问题和"不会"这个回答有意义。

597. 针对"对此你会不会搞错"这个问题的回答给了这个陈述一种特定的分量。回答也可以是："我**相信**不会。"

598. 但是，针对"对此你会不会搞错"这个问题，人们能不能回答"我想向你描述这个例子，这样一来你自己就可以判断我是否会搞错了"？

比如，如果涉及的是人的名字，那么情况可以是这样的，一个人从未使用过某个名字，但他记得在一份文件上读到过这个名字，——另一方面，回答可以是："我一生都在使用这个名字，所有人都这样称呼我。"如果**这**不等于"对此我不可能搞错"这个回答，那么它根本没有什么意义。很明显，一种十分重要的区别借此被指示了出来。

599. 人们可以描述比如"水在大约 100 摄氏度的时候沸腾"这个命题的确定性。它不是我曾听到过的命题，正如我能举出的这个那个命题那样。我自己在学校做过这样的实验。这个命题是我们课本的相当基本的一部分，在这种事情上它是要被相信的，因为……——人们可以用例子来反对所有的这些，这些例子表明我们曾将这样那样的东西视为确定之物，但后来按照我们的看法，这些东西被证明为假了。[1]

---

[1] 旁注：人们如今相信自己认识到了先前的一个错误，后来又发现最初那个看法是对的，等等。这样的事情难道不会发生吗？——原注

但这个论证是没有价值的。"我们最后只能援引被**我们**视为理由的理由"这个说法什么也没说。

我相信这里有一种关于我们的语言游戏之本性的根本性误解。

600. 我有何种理由相信实验物理学的课本呢?

我没有理由不相信它们。我相信它们。我知道这些书是怎么来的——或者更确切地说,我相信自己知道。我有一些证据,但是它们走不了多远,并且种类杂多。我听到过、看到过、读到过一些东西。

4月22日

601. 总是存在这样的危险,那就是想要通过对某个表达式以及人们使用这个表达式时的心思的观察来认识这个表达式的意义,而不是去思考实践。这就是人们如此经常地对自己说出某个表达式的原因,因为情况就好像人们必须要在这个表达式和人们所具有的感觉之中看到他们要找的东西。

4月23日

602. 我是该说"我相信物理学",还是"我知道物理学是真的"?

603. 人们教我在**这样的**情况下会发生**这个**。人们借助几次实验发现了这一点。这当然不会向我们证明任何东西,如果没有围绕着这种经验的其他东西的话(它们一起构成了一个系统)。因此,人们做的不只是落体实验,还有关于空气阻力及其他东西的实验。

但最终我信赖这些经验或者对它们的报告,毫无顾虑地按照它们来调整自己的行为。但这种信赖难道不是已证明自身了吗?在我能判断的范围内——是的。

604. 在法庭上,一个物理学家的陈述,即水在大约100摄氏度的时候沸腾,一定会被认为是真理。

如果我不相信这个陈述,那么我怎么做才能驳倒它呢?自己做实验?这实验会证明什么呢?

605. 如果物理学家的陈述是迷信，根据这个陈述来下判决和根据火刑验罪法来下判决一样荒诞，那又怎样呢？

606. 在我看来另一个人搞错了，并不是假设我现在搞错了的理由。——但它难道不是假设我**可能**搞错的理由吗？它**不是**我的判断或行为中的任何一种**不确定性**的理由。

607. 法官甚至可能会说"这就是真理，——在一个人能认识到的范围内。"但这个补充能带来什么呢？（"超出了所有合理的怀疑"[1]。）

608. 我按照物理学定理来调整我的行为，这样做是错的吗？我是否该说我这样做并没有什么好的理由？这难道不就是被我们称为"好理由"的东西吗？

609. 假设我们遇到一些并不将其视为充分

---

[1] 这句话的原文是英文"beyond all reasonable doubt"。——译者注

理由的人。我们该如何设想这一点？他们不去问物理学家，而也许去求神谕。（因此我们认为他们是原始的。）他们去求神谕，并且听从神谕，这样做是错的吗？——如果我们说这样做是"错的"，那么难道我们不是从我们的语言游戏出发与他们的语言游戏**斗争**吗？

610. 我们与之斗争，这是对的还是错的？当然会有各种口号来支持我们的做法。

611. 当两种互相无法调和的准则当真相遇的时候，每一方都会宣布另一方是傻瓜和异端。

612. 我说过我与另一个人"斗争"，——但我难道不能给他**理由**吗？可以，但理由能走多远呢？理由的尽头是**劝服**。（想想传教士让土著人改宗时发生的事情。）

613. 如果现在我说"我知道煤气火焰上炉子里的水不会结冰，而会沸腾"，那么我这个"我知道"似乎与其他**任何东西**一样合理。"如果我知道一些东西，那么我知道**这个**。"——或者我是否**更确定地**知道我对面的人是我的老朋友某某某？它与"我用两只眼睛看，若去照镜子我就能看到它们"这个命题相比又怎样呢？——我不确定知道此时该回答什么了。——但这两个例子之间仍然是有区别的。如果火焰上的水结冰了，我肯定会无比惊奇，但我会假定尚有一些我不知道的影响，并让物理学家来判断。——但什么东西能够让我去怀疑这个我已认识好几年的人是某某某呢？在这里，怀疑似乎会将一切拽入混乱中。

614. 换言之，如果我在各个方面都遭到了反驳，比如那人的名字并不是我一直都知道的那个（我在这里故意使用"知道"一词），那么这种情况下，所有判断的基础都会从我这里被抽走。

615. 这是不是意味着"我之所以能进行判断，只是因为事物有着如此这般的（仿佛是好的）表现"？

616. 但是，不管事实颠跳得多么厉害，我仍坐在马鞍上，这是**不可想象的**吗？

617. 某些事情会使我进入这样的境地，在此我无法再继续过去的游戏了。在此我将脱离游戏的**确定性**。

是的，语言游戏的可能性取决于某些事实，这难道不是不言自明的吗？

618. 于是情况就好像语言游戏必须"**显示**"那些使其成为可能的事实。（但情况并非如此。）

人们能否说唯有事件的某种规律性才使得归纳法成为可能？这个"可能"当然得是"**逻辑的可能**"。

619. 我是否该说，即使自然事件中突然出现了某种不规律性，也**不一定**会让我离开马鞍。我可以像以前一样得出结论——但人们是否会将其称为"归纳"，就是另一个问题了。

620. 在特定的情境中，人们说"你可以信赖这个"。在日常语言中，这个保证可以是合理的，也可以是不合理的，即使预言得不对，它也可以被视为是合理的。使用这种保证的**语言游戏是存在的**。

4月24日

621. 如果谈的是解剖学，那么我会说："我知道有十二对神经从大脑中通出来。"我从未见过这些神经，即使一个专家也只在少量样本中观察过。——"我知道"一词在这里恰恰是被正确地使用的。

622. 但是在摩尔提到的那些上下文中，至少**在特定的情境中**，使用"我知道"也是正确的。（我当然不知道"我知道我是一个人"是什么意思。但即使这个句子也可以被赋予一种意义。）

我可以为每一个这样的句子设想一种情境，这情境让它们成为我们的语言游戏中的一步，这样一来，它们就失去了所有在哲学上令人惊奇的东西。

623. 奇怪的是，我在这样的例子中也总是想要说（尽管是错的）："我知道这个——倘若人们能知道这样的东西的话。"这是错的，但其背后有一些正确的东西。

624. 对于这种颜色在德语中叫"grün"[1]，你会弄错吗？对此，我的回答只能是"不会"。如果我说"会，——因为犯迷糊总是可能的"，那么这就毫无意义。

因为这一补充是别人不知道的东西吗？我是如何知道的？

625. 但这是否意味着人们无法设想"grün"这个词在这里产生于一次口误或一时的迷糊？难道我不知道这样的情况吗？——可以对一个人说："难道你不可能是口误了吗？"这也许意味着："你再想一想。"

但这种提醒也只有在它有一个终点的时候才是有意义的。

---

[1] 译成汉语是"绿色的"。——译者注

一个没有终点的怀疑就不是怀疑。

626."这颜色的德语名称无疑是'grün',——除非我现在口误了或不知怎么迷糊了"这个说法也毫无意义。

627. 人们难道不是必须把这个附加的句子添加到**所有**语言游戏中吗?(这就表明了它的无意义。)

628. 如果人们说"某些句子必须被免于怀疑",那么情况就好像我应该将这些句子,比如"我叫路德维希·维特根斯坦",放入逻辑书之中。因为如果它属于对语言游戏的描述,那么它就属于逻辑。但"我叫路德维希·维特根斯坦"并不属于这样的描述。即使我搞错了我的名字,用人的名字来进行的语言游戏也完全可以存在,——但它预设了"大部分人搞错了他们的名字"这个说法是无意义的。

629. 但是,另一方面,我说自己"对我的名字我不可能搞错"是对的,说"也许我搞错了"则是错的。但这并不意谓着其他人去怀疑我宣布为确定的东西是无意义的。

630. 用母语来说出某些东西的名称时不可能搞错,这就是通常的情况。

631. "对此我不可能搞错"恰恰刻画了某一种类型的断言。

632. 确定的和不确定的记忆。如果确定的记忆一般说来并不比不确定的记忆更可靠,换言之,如果比起不确定的记忆,它并不更多地被其他证明所证实,那么确定和不确定的表达式在这种语言中将不会有它们目前的作用。

633. "对此我不可能搞错"——但如果我确实搞错了,那又怎么样呢?这难道不可能吗?但这就让"对此我不可能搞错"这个表达式变成胡说吗?或者换成"对此我几乎不会搞错"这个说法会不会好一点?不会。因为这话意味的是另外的东西。

634."对此我不可能搞错,最不济我就将我的句子变成一个规范。"

635."对此我不可能搞错:我今天和他在一起。"

636."对此我不可能搞错,倘若看起来还是有东西反对我的句子,那么我会不顾这种'看起来'并坚持这个句子。"

637."对此我不可能搞错"在游戏中为我的断言指派了它的位置。但它本质上和**我**有关,与一般说来的游戏无关。

如果对于我的断言我搞错了,这一点也并未让语言游戏失去用处。

4月25日
638."对此我不可能搞错"是一个日常的句子,用来赋予某个陈述一定的确定值。只有在其日常的使用中，它才是合理的。

639. 但是——正如我们承认的那样——如果对于它，因此也对于它本应支持的那个句子，我可以搞错，那么它到底有什么用呢？

640. 或者我是否该说这个句子排除了某一特定**类型**的错误？

641. "他今天对我说了这个——对此我不可能搞错。"——但如果它还是被证实为假呢？！——在某些东西"被证明为假"的方式中，人们难道不是必须做出某种区分吗？——我的陈述为假，这一点是如何**被证实**的？这里仍有相反的证据，而哪个证据必须退让这一点必须被**确定**下来。

642. 但是，如果有人有这样的顾虑，即倘若我可以说是突然醒过来，并且说"现在我想象自己叫路德维希·维特根斯坦！"，那又怎样呢。——谁说我不会再次醒过来，并且宣布**这**

是奇异的想象（及诸如此类）呢？

643. 人们当然可以设想一个例子，而且是有这样的例子，人们在"醒来"以后再也不怀疑什么是想象什么是真实了。但这样的例子及其可能性并未让"对此我不可能搞错"这个句子变得不可信。

644. 不然的话，难道不是所有断言都会以这样的方式变得不可信吗？

645. 对此我不可能搞错，——但将来我可能会（正确或错误地）认为自己看清了我并没有判断力。

646. 如果这事总是或者经常发生，那么它无疑会完全地改变语言游戏的特征。

647. 在一种于游戏中有其位置的错误和一种作为例外出现的彻底的无规则之间，是存在区别的。

648. 我也可以让别人确信我"对此不可能搞错"。

我对一个人说:"某某人今天上午和我在一起,对我说了这样那样的事情。"如果这令人惊讶,那么他也许会问我:"对此你难道不会搞错吗?"这可能意味着"这确定发生在**今天早上吗?**",或者"你确定你正确地理解了他吗?"——我们可以很容易地看出借助什么解释我就能表明我在时间上没有搞错以及我没有误解他的叙述。但所有这些都**无法**表明这整个事情不是我梦到的或者不是我像梦一样想象出来的。它们也无法表明我没在或许持续地**口误**。(这样的事情确实会发生。)

649.(有一次,我用英语对某人说某种树枝的形状是典型的榆树枝的形状,此人反对这一点。于是我们走近一棵白蜡树,我说:"你瞧,这就是我说过的那种树枝。"对此,他说道:"但这是一棵白蜡树。"——我说:"当我说榆树的时候,我意谓的总是白蜡树。")

650. 这意味着，在某些（为数不少的）例子中，**错误**的可能性是可以被排除的。——以这样的方式，人们（确实）排除了计算错误。因为，如果一次计算被验算了无数次，那么人们不能只是说："尽管如此，它的正确性只是**十分可能的**，——因为错误总有可能溜了进来。"因为，假设某个错误似乎曾经被发现过，——那么我们**在这里**为什么不应假定有一个错误呢？

651. 对于12乘12等于144，我不可能搞错。我们不能将**数学**确定性与经验命题的相对不确定性对立起来。因为数学命题是通过一串行为而得到的，这些行为并不以任何方式区别于生活中的其他行为，它们也一样会受到遗忘、看漏、错觉等等影响。

652. 我能否预言人们永远不会推翻当今的代数命题，永远不会说"我们现在才知道情况是怎么样的"？但这会让我们的怀疑变得合理吗？

653. 如果 12 乘 12 等于 144 这个命题是免于怀疑的，那么非数学命题也一定是这样的。

4 月 26 日

654. 但人们可以对此提出颇多反对意见。——首先，"12 乘 12 等于 144" 是一个**数学**命题，从中人们可以推断出：只有这样的命题才是免于怀疑的。如果这种推断是不合理的，那么应该存在一个同样确定的命题，这命题处理的是那个演算的过程，但本身不是数学命题。——我想到的是这种类型的命题："如果懂计算的人执行'12 乘 12'这个计算，那么大多数的情况下会得出'144'。"没人会反驳这个命题，它当然也不是数学命题。但它有数学命题的确定性吗？

655. 数学命题就好像被官方地盖上了"无可置疑"的印记。换言之就是："你们为其他东西争吵吧，**这保持固定**，这是一根你们的争吵能够围着它转动的轴。"

656. 对于"**我**叫路德维希·维特根斯坦"这个命题,可不能这样说。对于"某人正确地做了某次运算"这个命题,人们也不能这样说。

657. 人们可以说数学命题是一些化石。——"我叫路德维希·维特根斯坦"并不是。但像我这样拥有压倒性证据的人也会将其视为是**无可辩驳的**。这并不源自疏忽。因为,证据是压倒性的,这恰恰就在于我们**不必**向任何相反的证据屈服。因此,我们在这里有了这样一种支持,这支持类似于那种使数学命题无可辩驳的支持。

658. 针对每一个乘法的口诀,人们都可以提出"但你现在难道不可能处于幻觉中并且也许后来才发现这一点吗?"这个问题。

659. "我刚吃过中饭,对此我不可能搞错。"

如果我对一个人说"我刚吃过中饭",那么他可能会认为我在撒谎或者此时神志不清,但他不会认为我**搞错**了。我可能搞错这个假设在这里是没有意义的。

但这不对。饭后我可能马上在不自知的情况下打了个盹，睡了一小时，然后认为我刚刚吃了饭。

但我在这里还是要区分开不同种类的错误。

660. 我可以问问："对于我叫路德维希·维特根斯坦，我**如何**才能搞错呢？"我可以说，我看不出这是如何可能的。

661. 对于我从未去过月球这个假设，我如何能够搞错？

662. 如果我说"我从未去过月球——但我可能会搞错"，那么这就是一句蠢话。

因为就连"借助一种未知的手段，我在睡梦中被运到了月球上"这个想法**也没有给我**任何在这里谈到一种可能错误的**权利**。如果我谈到一种可能错误，那么这个游戏我是玩错了。

663. 即使我错了，我也有权利说"在这里我不可能搞错"。

664. 是人们在学校里学到数学中什么是对的什么是错的，还是我自己宣布关于某个命题我不可能搞错，这里是有区别的。

665. 我在这里为普遍确定的东西添加了某些特殊的东西。

666. 但比如解剖学（或者它的大部分）的情况又怎样呢？它所描述的东西难道不也是免于所有怀疑的吗？

667. 即使我遇到了这样一类人，他们相信人在梦中会被转移到月球上，我也不能对他们说："我从未去过月球。——当然我也有可能搞错。"针对他们的"你难道不会搞错吗？"这一问题，我必须回答：不会。

668. 如果我给出一个报告且补充说我对此不可能搞错，会有什么实际后果？

（不说那句话，我也可以补充说："对于这个，就像对于我叫路德维希·维特根斯坦一样，我是不可能搞错的。")

虽然另一个人可以怀疑我的陈述。但是，如果他相信我，他不仅会相信我的话，还会从我的信念中得出关于我的行为的确定结论。

669. "对此我不可能搞错"这个句子确实在实践中被使用。但人们可以怀疑我们是否要在完全严格的意义上理解它，还是不如说它是一种夸张，也许只是用来达到说服的目的。

4月27日
670. 可以谈谈人类研究的根本准则。

671. 我从这里飞到世界的某个地方，那里的人们关于飞行的可能性只有一些不确定的信息或者根本没有任何信息。我对他们说，我刚从某处飞到他们这里。他们问我是否可能弄错了。——关于事情是怎么发生的，他们明显有一种错误的想法。（如果我被装进一个盒子里，那么关于运输的方式，我有可能会搞错。）如果我只是对他们说我不可能弄错，那么这也许不会让他们信服。但如果我向他们描述这个过程，他们大概会信服。他们肯定不会再去质疑**错误**的可能性。但是，即使他们相信我，他们也可能认为我是在做梦或者是一种**魔法**让我想象出了这一点。

672. "如果我不相信**这个**证据，为什么我该相信任何证据呢？"

673. 要区分我**没有**搞错的情况和我**几乎不**可能搞错的情况难道不困难吗？某个情况属于哪种类型，这一点是否总是清楚的？我认为不是。

674. 但也存在这样一种特定类型的情况，在这里我正确地说我不可能搞错，摩尔给出了这类情况的一些例子。

我可以列举各种典型的例子，但无法给出任何一般性的特征。（某某人对于自己几天前从美国飞到英国这一点是不可能搞错的。仅当他疯了，他才会认为另外的某些情况是可能的。）

675. 如果一个人相信他几天前从美国飞到了英国,那么我相信他对此不可能**搞错**。

如果一个人说他现在正坐在桌边写东西,情况也一样。

676. "但即使在这样的情况下我不可能搞错,——难道我不可能处于麻醉状态吗?"如果我处于这种状态,如果麻醉带走了我的意识,那么此时我实际上并没有在说话和思考。我不能严肃地假定我正在做梦。一个在做梦的人说"我在做梦"(即使他此时出声地说了出来),和他在梦中说"天在下雨"(此时天实际上在下雨)一样,都是不对的。即使他的梦实际上和雨声有关。

附录：维特根斯坦论确定性

文 / 冯·赖特

一

在生命最后一年半时间中，维特根斯坦几乎专门地在写一些关于知识和确定性的东西[1]，对摩尔的一些看法做出评论。这些文字具有一种主题上的统一性，使其成为维特根斯坦的所有文字产出中几乎独一无二的存在。人们可以猜想一下它的理由。它是否标志了维特根斯坦哲学风格的变化？或者它是否只是表明了作者已经失去了将一千条思路抓在手里同时进行的能力？然而没有任何东西表明其思想的质量在下降。考虑到这些评论构成了一个最初的、未

---

[1] 这个说法不太对，因为维特根斯坦在这个时期还写了很多关于颜色和心理学概念的评论。——译者注（本文其余脚注均为原注。）

经修订的手稿，对我而言它们似乎在形式和内容上都是十分完整的。

维特根斯坦关于确定性的这部著作可以说概况了其思考的某些重要创新性。但是，就我所知，这种概况的方式完全不同于很多维特根斯坦的评论者所尝试过的方式。这本书为他的哲学成就开创了新的前景。

在这里，我会试图简要地呈现它的主要想法。我不会试图批判性地评价它，也不会试图指明我在何种程度上能够同意维特根斯坦所说的。但我会在最后刻画我所看到的它的一些结论，为了进一步的研究。

二

自笛卡尔以降，知识的一个主要问题就是，任何一个单独的偶然命题是否可以被确定地知道为真。摩尔主张**他知道**很多这样的命题。作为例子，他给出了"他是一个人""他正指着的那个对象是他的手"或者"地球已经存在了很多年"这样的命题。因为他知道这样的东西，所以他也能够证明一个外在于他的心灵的世界是存在的——因此他认为也解决了一个长久被争论的问题。摩尔进一步主张,像刚提到的那些命题绝不是只有他一个人知道,它们是大多数人在通常情况下都可以正当地说自己知道的东西的范例。

此外,摩尔认为我们对大部分"常识"命题——这是他对它们的称呼——的知识,基于某些它们为真的**证据**。[1] 但这个证据是什么,我们经常说不出来。摩尔说"我们都处于这种奇怪的位置上,那就是我们确实**知道**很多东西,关于这些东西我们**知道**我们一定有过它们的证据,但我们却不知道我们是**如何**知道它们的,换言之就是我们不知道这证据是什么"。[2]

为了理解摩尔的立场和维特根斯坦对其的批评,重要的是要明确区分摩尔主张自己知道的那些"常识"命题,和他认为可以基于这些

---

[1] 出自摩尔的《捍卫常识》这篇文章,引文引自 Moore, *Philosophical Papers,* Allen and Unwin, 1959, p. 44。

[2] Moore, *Philosophical Papers,* Allen and Unwin, 1959, p. 44.

命题来证明[1]的哲学命题。摩尔认为这两个命题集合的成员都是**偶然**真理[2]。如果要考虑的是第一类的各种命题,这个观点是很自然的。就第二类命题而言,这个看法看起来就没有那么自然,甚至是可疑的。不过摩尔认为存在一个外部世界、时间是真实的、自我存在等是偶然真理。否定这些东西并不就是主张某些逻辑上不可能的即自我矛盾的东西。

假如某人想要反驳某些摩尔主张自己确定

---

[1] "证明"这个想法,是直到《对外部世界的证明》这篇文章才出现的。但它已经潜藏在《捍卫常识》中了。摩尔在《捍卫常识》中说过,那些被知道的"常识命题"**蕴含**了物质性事物等的实在性。

[2] 不管是在《捍卫常识》,还是在《对外部世界的证明》中,摩尔都没有使用"偶然(命题)"这个词。在第一篇文章中(第 42 页),他说"对我来说似乎很清楚的是,也许时间不是真实的,物质性事物不是真的,空间不是真实的,自我不是真实的"。然而,在他后面的一篇名为《确定性》的文章中,摩尔用"偶然命题"来表达"那些并不自我矛盾,并且对它们而言矛盾也并不自我矛盾的命题"(第 230 页)。他还说"从一个给定的命题可能为真这个事实中总是能够得出那个命题并不自我矛盾"(第 230 页)。从中我们可以得出结论,在摩尔看来,一个断定或否定时间或物质性事物的真实性的命题是偶然的。但摩尔还说那些他认为他确定地知道的命题,比如他现在正站着,是偶然的(第 230 页)。因此,我们可以安全地认为摩尔主张我们在这里区分开的那两类命题都是偶然的。

地知道的东西，比如他，摩尔，是一个人，或者正指着自己的右手。这个批评者得援引一些证据来表明摩尔错了。如果摩尔要放弃他这个知识主张，那么他不得不接受这个证据。但是，如果这个证据不是一些与最初的命题相矛盾的偶然命题（摩尔"稍加反思"就不得不承认它们为真），那么它们还能是什么呢？因此仍然存在很多他主张自己确定知道的"常识"命题，它们仍然可以被用来证明那些摩尔很想为之辩护的哲学命题，比如时间是真实的，或者外部世界是存在的。

因此，关于第一类命题中的这个或那个命题的合理怀疑并不会触动摩尔的哲学立场。因为，人们为这些怀疑给出的辩护会蕴含对那个立场的接受。为了基于"常识"命题来证明哲学命题，需要的只是任何时候**某一些**那样的"常识"命题作为确定的东西被接受。摩尔并没有这样说。相反，他很想主张他确定地知道一些具体的东西（命题），在他的经典文章中，他已经列举了很多这样的命题。但是，在他死后才出版的那篇名为《确定性》的文章中，他反对的是怀疑主义者的"梦的论证",因此——在我看来——他不能成功地试图表达出这样一些思想,这些思想表明了这两组命题的一种更为"松弛"的关系。人们可以基于维特根斯坦对摩尔的观点的评论而更为清楚地看到这怎样才能被成功地做到。

三

摩尔说过的东西就这些了。维特根斯坦认为摩尔对怀疑主义的反驳是十分有趣而新颖的。但是,如果他宣布自己同意摩尔,那么他就不会是他所是的那个哲学家了。相反,他几乎在每一点上都急于反驳摩尔那些**明确的**哲学立场。维特根斯坦认为,摩尔对他知道这个或那个的主张是没有哲学价值的。摩尔说他知道的那些大多数"常识"是没有人可以被正确地说他们**知道**的东西。此外,摩尔错误地认为这些命题为真是有**证据**的,还错误地认为它们是可被用来**证明**诸如外部世界的存在这样的东西,最后还错误地认为那些声称得到证明的论题是**偶然**

的真理。但是，虽然不同意摩尔所说的，维特根斯坦同时也赞成包含在摩尔的努力中的那种倾向。我认为我们可以说，维特根斯坦所做的就是为这个倾向赋予了一种更清楚、更准确的表达。

让我们来简要地看一下维特根斯坦给出的一些反对摩尔的理由。

光有一个"某人知道某些东西"的保证，不管这个保证有多么的真诚，它本身并不足以确立这就是这样的（《论确定性》第13、14节）。因此，为了反驳怀疑主义者，摩尔不能"用保证**他**知道这样的东西来做到这一点的。因为人们无须相信他。如果他的对手主张人们不可能相信这样那样的东西，那么摩尔可能会用"**我相信它**"来回答他们"（《论确定性》第520节）。维特根斯坦在这里指出了信念和知识的一个重要的概念性区别。为了确立我相信p，我不必为认为p为真给出理由。但是，为了证明一个知识主张，一般说来要给出理由，换言之，我们必须能够给出我们是**如何**知道这个的。而其他人必须可以接受或者不相信我们的理由。

"'我知道它'经常意味着,对于我的陈述,我有恰当的理由。因此,如果另一个人熟悉这种语言游戏,那么他会承认我知道它。如果另一个人熟悉这种语言游戏,那么他一定能够设想人们是**如何**能够知道这样的东西的"(《论确定性》第 18 节)。维特根斯坦说,当一个知识主张被给出的时候,情况**经常**就是这样的。如果一个人是否知道一些东西这一点是可以被讨论的,换言之,如果情况如第 13、14 节所设想的那样,那么人们甚至可以说情况总是这样的或者典型地就是这样的。维特根斯坦就是用这种情况来反对摩尔所说的那种情况的。人们可以将一者称为"真正的",另一者则是"假的",并且在一种真正的知识的情况中必须有知道的理由——如果没有理由,那么这个情况就是"假的"。

比如,针对"你怎么知道?"这个问题,答案可以是"我自己看到的""我算出来的"或者"他告诉我是这样的"。这些就是人们**能够**基于此而知道一些东西的理由,因此它们是"我知道"这个陈述的"正当理由"的一些类型。为了支持一个知识主张，人们向某人给出这些理由，如果此人熟悉这种语言游戏，那么此人就会认识到它们是正当**类型**的理由——但从中并不能得出他将会接受这些理由。他可能会以一种回嘴的形式提出这样的怀疑，"你仔细看了吗？"，或者"让我们来检查一下你的计算"（参照第 50 节），或者"他是一个可信的人吗？"

对"你怎么知道？"这个问题的回答并不等于为已知命题的真给出证据。但是，如果我们移除了关于答案的怀疑，那么我们就给出了这样的证据。如果我仔细地观察过某些东西，那么我应该能够说我看到了这个和这个，如果它们是真的，那么它们就会确立我主张自己知道的情况（比如一个人在街上被刺了）也是真的。检查一个计算就是检查一些陈述的为真，这些陈述共同蕴含了结果就是我主张它所是的那一个。最后，要表明一个人是可信的，就是要指出这样的一些陈述，它们被接受为真，并且它们支持了我们说的我们基于他告诉我们的东西而知道的东西为真。

我们为一个我们主张自己知道的命题的真

而给出的证据由被我们接受为真的命题构成。如果有人问我们是如何知道后面这些命题的,那么我们可以给出进一步的理由,来表明我们是如何知道它们的,为这些我们主张知道的命题的真给出进一步的证据。但理由(证据)之链有一个终点,超出了这个点,就不可能给出进一步的理由了。维特根斯坦经常强调这一点。[1] 维特根斯坦会说,摩尔之所以会错误地认为他对于那些"常识"真理的知识是建基在证据之上的,其原因就是这些"常识"真理本身就是理由之链的"终点"。它们可能可以作为某人主张自己知道的其他命题的证据。但没有什么可以作为它们的证据。

比如,考虑一下"我有两只手"这个命题。我认为有时人们可能会说这基于我的感官的证据。[2] 但是,作为一个普遍性陈述,它是错的。不过有时候它是对的。我经历了一台手术,处于无意识状态。我醒来以后不太清楚我身上发

---

[1] 《哲学研究》第一部分第 326、485 节。还可以参照《论确定性》第 471 节。
[2] 参照摩尔《确定性》第 243 页。

生了什么。是不是我的一只手被截掉了？我看了看，看到了两只手。这样说来，我关于我**仍有两只手**的知识可以说是建基在"我的感官的证据"之上的。但我并不是借助看和数来获知我有两只手的。如果在一些十分寻常的情境中我碰巧看了看我的手——将它们举在眼前——并且惊奇地只看到了一只手，那么我会怀疑的**是我的感官**而不是我有两只手这回事。这表明了我在寻常情境中关于我有两只手所具有的那种潜在的信任并不建基在"我的感官的证据"之上（参照《论确定性》第125节）。

让我们承认"我有两只手"这个命题蕴含了"存在物质性对象"这一命题。表明第二个命题**并非偶然命题的一种**方式会是表明第一个命题是必然的。（因为一个必然命题只能蕴含其他必然的命题。）但第一个命题是偶然的，这一点难道不明显吗？据我所知，我可以只有一只手，或者一只也没有。我也许可以设想自己有多于两只的手。然而，为我所知的"我有两只手"这个命题的真是奇特的。它并不像我借助阅读或学习得到或自己研究出来的很多真理。

摩尔主张不可怀疑的那些命题当然"在我们的经验命题的系统中扮演着一个奇特的逻辑角色"(《论确定性》136节)。维特根斯坦在本书中研究的,恰恰是这种奇特的角色,而不是别人是否能够说我们真的"知道"这些命题。

四

也许可以这样来阐释维特根斯坦关于这些话题的核心看法。在任何一个知识主张被确立,或者一个怀疑被打消,或者一则语言交流(信息、命令、提问)被理解的情况下,已经有一大堆命题固定在那里并被视为是理所当然的了。它们构成了一种"系统"。如果不是这样,知识和怀疑、判断和理解、错误和真理将不会"存在",换言之,我们将不会有这些概念,将不会以我们现在的方式来处理这些概念。"对一个假设的所有检验、所有证实和证伪都已发生在一个系统之内。换言之,这个系统并不是我们的所有论据的某个多少有些任意和不可靠的起点,相反,它属于被我们称为'论据'的东西的本

质。这个系统与其说是一个起点，不如说是论据的生命元素。"(《论确定性》第 105 节)

知识这个概念本身并不适用于那些预设在其使用中的东西，换言之，并不适用于那些在任何知识的情况中都"固定着"的命题。这就是摩尔对"我知道"的使用并不恰当的原因之一。但人们或许可以将摩尔提出的那些"常识性的"东西称为前-知识（pre-knowledge）。（维特根斯坦自己并没有使用这个词。）不过，在这里谈到**确定性**会更好（《论确定性》第 511 节），或许要补充的是，这是一种位于我们**做判断**的实践之中，而不是位于我们关于判断内容的**观念**之中的确定性。（见本文第八部分。）

因此，比如"地球在过去已经存在了很多年"这个命题的真可以说是预设在所有所谓的历史知识之中了。但它本身并不是一则历史知识，换言之，它并不是任何人们基于对过去的研究而获知的东西。通过地球物理学的研究，我们可能获知（比如）地球已经存在了三千亿年——或者它的存在不可能超出五千亿年。这些是真正的（科学）知识的可能项。但是，在我们能够为支持或反对这些科学命题而给出的任何理由之中，地球过去已经存在多年（换言之就是"**好多年**"）都已经预设在这里了（参照《论确定性》第138节）——尽管不是以一种地球物理学假设的形式。

人们可以说，外部世界的存在的问题在它**能够**被提出之前就实际上已经被解决了。——为了提出这个问题，我们必须知道一个外部世界是什么（种类的）东西——否则我们不知道我们的问题是关于什么的。但是，为了获得"外部世界"这个观念，我们必须首先承认一大堆事实，所有这些事实都"蕴含"（在摩尔的意义上）物质性对象（换言之就是一个外在于我的心灵的世界）的存在。我可以调查一下这个或那个对象是否存在于外部世界中，或者只是一个幻觉。但是不管单个例子的结果是正面的还是负面的，决定的理由都是一些固定着的事实，它们蕴含着一个外部世界的存在。这也解释了为什么我们没有任何的程序来研究外部世界本身是否存在。它的存在可以说是所有有关各种独立于心灵的对象之存在的研究得以开展的**"逻辑容器"**。——"物质性对象"是一个逻辑的概念(《论确定性》第 36 节)——在《逻辑哲学论》中,维特根斯坦会说是一个形式概念。

五

那些隶属于我们前-知识系统的命题是无法被一劳永逸地列举和"展示"出来的。它们中间的很多可以——暂时或永久性地——被移除,被视为受这一堆命题支持或与它们矛盾的命题。维特根斯坦说"我紧紧抓住的不是一个命题,而是一窝命题"(《论确定性》第 225 节,还可以参照第 140—142 节)。

想象如下例子。我遭遇了车祸,我的手被撞掉了。某人走过来,发现它在街上。"这是谁的手?"他惊骇地叫道。"是我的,"我说。因此我大体知道这一点,并有关于这一点的证据。但是,处于这种情境中的时候,我关于这是我的手的知识似乎与摩尔说他知道某些东西时追求的哲学目标没什么关系了。在这里我一开始也可以怀疑我所知道的东西。也许另外一个人的手也在这场灾难中被撞掉了。如果我确定了**这是我的手**，消除了我的怀疑（如果我有怀疑的话），那么我的证据的一部分就是——在摩尔想到过的那另一个"更深的"意义上——"我确定知道"的东西。

人们可以说，摩尔的"常识"命题有着经验命题的形式，却履行着逻辑命题或规则的职能（参照第 56、82、308 节）。它们的真"被注入了我们的语言游戏的根基之中"（《论确定性》第 558 节）——就像数学命题的真[1]。但是，至少对于它们中的大部分命题而言，我们可以设想这样一种情境，这种情境将它们的使用变成了我们的某个语言游戏中的区别于某个规则的**一步**（《论确定性》第 622 节），这个事实表明在"分析的"和"综合的"之间，在逻辑的必然和偶然的真假之间并不存在清晰和牢固的区别（参照《论确定性》第 308、319、401 节）。

摩尔想要证明外部世界的存在的时候做出

---

[1] 参照 Malcolm, Memoir, p. 88。

的那个著名姿势，并不是对一个从偶然前提中得出的偶然结论的"证明"。相反，它试图说出（显示），就我们关于外部世界的**概念**而言，我们将很多**真理**（事实）视作理所当然的（参照《论确定性》第 83、617 节）。因为我们不能去质疑这些真理，因为它和"有这个概念"是联系在一起的。因此**存在外部世界**并不是一个偶然命题——正如存在或不存在狮子或独角兽是偶然的命题。但是，**我们具有一个关于外部世界的概念**，这一点是与我们有关的一个偶然事实，是"人类的自然史"的一个事实。

我在这里想要提请大家注意两个特征，这两个特征可以说是贯穿了维特根斯坦的全部哲学。一个可被称为——用《逻辑哲学论》之前的术语——两极性（Bi-polarity）[1]。在《逻辑哲学论》中，这个看法首先反映在命题有**意义**和命题是偶然（为真或为假）的这二者的联合之中。必然命题是"缺乏意义的"（senseless），但

---

[1] 见《关于逻辑的笔记》（1913 年 9 月），作为《1914—1916 笔记》的附录而出版。

不是"无意义的"（nonsensical）[1]，因此严格说来并不是真的。使用一个维特根斯坦后来在其关于数学基础的著述中采用的表达式，它们是"真理旁边的"[2]缺乏意义的命题。像知道和相信这样的认知态度首先适用于偶然的事实。那些我们不可能设想其被怀疑的东西，也不可能被知道，不可能被确定——除非在词语的一些"古怪的"使用中。[3] 自从他开始写《哲学研究》以来，他在自己的著作中有时会用一种独断的口气来讨论关于这个话题的问题。看起来似乎他想要否定比如一个人能够"知道他疼"或"正看着一道红光"——很多其他哲学家是将这些视为**能够被知道**的东西的样本的（如果有任何东西能够被知道的话）。但维特根斯坦并不想要否定这个——如果这里的"否定"的意思是他要怀疑这些被其他人视为确定的东西的话。他只是想让人注意到在涉及我们的认知态度时这些不容置疑的命题的"奇特的逻辑角色"。在

---

[1] 参照《逻辑哲学论》4.461 和 4.4611。
[2] 《关于数学基础的评论》，第三版，1978，第三部分，第33节。
[3] 参照《哲学研究》第一部分第246节。

《论确定性》中，我们可以说维特根斯坦将这样一些东西扩展到了整个知识论领域，他以前主要是在涉及我们的直接经验（作为一个极端）以及逻辑和数学的必然真理（作为另一个极端）时才讨论这些东西。这种扩展也会帮助我们更清楚地看到这两个极端之间的联系和关联。

两极性与贯穿维特根斯坦所有著作的另一个主旨有关。这就是他对世界的界限（以及可说和可被思考的东西的界限）问题的关注。在《逻辑哲学论》的前言中，他说"本书将为思想划定一个界限，或者不是给思想，而是给思想的表达划一个界限；因为，为了给思想划界，我们得能够思考这个界限的两边（因此我们得能够思考不能被思考的东西）"。如果他为他最后的著作，即以《论确定性》之名出版的这个著作，写一个前言，那么他恰恰也可以说这些同样的话。在我们知道或猜想或认为它们为真的所有东西之外，有一个由被接受的真理构成的基础，没有这基础，就不可能有知道或猜想或认为它们为真这回事。但是，如果我们认为那些构成这个基础的东西是我们知道的东西，或者是真的,那就是将这些东西放置在那些立于这个基础之上的东西之中了,就是将这个容器视为容器**内**的另一个对象了。很明显,这是做不到的。如果基础是我们在说某个东西被知道或是真的之前我们就得接受的东西,那么基础本身不能被知道,也不能是真的。摩尔那些常识命题确实可以被用来证明某些东西是可以被知道的,就是所有那些通常被认为是基于我们不会质疑的理由而被知道的东西。被摩尔称为"常识"——在一种相当奇怪的意义上使用这个短语——的东西,恰恰就是维特根斯坦在《逻辑哲学论》中会称之为"世界的界限"的东西。维特根斯坦对摩尔的文章评价甚高,这肯定部分地源于他在摩尔的努力中认出了一种与他自己的努力十分类似的东西。而他在《论确定性》中对摩尔的批评,我们可以——用《逻辑哲学论》中的语言——将其刻画成是对去说不可说的东西的企图的批评。

六

这一堆属于我们的前-知识的命题可被说成是构成了一个世界-图景。后期维特根斯坦经常使用这个表达。它并不意谓一种在一个哲学家的世界观这层神秘意义上的关于世界的看法。它不是一种私人占有的东西,而是与"文化"这个概念和"我们属于一个借助科学和教育而联结起来的共同体"(《论确定性》第298节)这个事实绑定在一起的。人们也可以说,这是我们为了理解其他人的行为和话语,以及为了在我们的判断中与他们达成一致,而必须与他们共享的共同基础。实际上,它就是摩尔的"常识",《逻辑哲学论》中的世界-边界。除了引用维特根斯坦自己的话之外,我不知道还有什么更好的方法来描述它的性质和角色了:

> 94. 但是,我之所以有我的世界图景,并不是因为我确信了它是正确的,也不是因为我对其正确性深信不疑。它是那个被继承下来的背景,我借助这个背景来区分

真与假。

95. 可以将那些描述了这个世界图景的命题称为"神话性的"。它们的角色类似游戏的规则,而人们也可以纯实践地、无须任何明确的规则地,学会这个游戏。

96. 人们可以设想某些具有经验命题之形式的命题固化了,成为了那些未固化的、流动的经验命题所流经的管道。这种关系是随着时间的改变而改变的,流动的命题会固化,固定的命题亦会流动起来。

97. 神话可以再次流动起来,思想的河床可以移动。但我要区分开河床之上的水的流动和河床的移动,尽管二者之间不存在明确的界限。

98. 但是,如果有人说"那么逻辑也是经验科学",那么他就错了。不过,"相同的命题有时可被视为用经验来检验的命题,有时可被视为检验的规则"这个说法是对的。

99. 而河岸部分地由坚固的岩石(它们不会变化,或只有不起眼的变化),部分地由沙子（它们有时会在某处被冲走，有时在别处被冲上岸）构成。

七

构成世界-图景的那个命题系统不仅没有固定的边界。它的构成也是各种各样的。它是很多子-系统的集合，每一个子系统都有着动荡的边界和"混杂"的内容。这些子-系统与维特根斯坦称之为语言游戏的东西有关。人们可以说每个语言游戏都有一个基础，它是玩游戏的人的前-知识的一个片段。（参照《论确定性》第560、519节）

不管是从逻辑，还是从起源发展的角度来看，语言游戏之间都没有**严格的**秩序。但语言游戏之间在这两个方面当然还是有一**些**秩序的。在个体的发展和语言共同体（"文化"）的历史中，这些游戏出现的阶段是不一样的。在未掌握另一些语言游戏之前，人们可能无法掌握某些语言游戏。在那些相对靠后的语言游戏中，就有与"知道""相信""确定"这些词语有关的语言游戏(参照第538节)。仅仅基于这个理由,从一开始就作为语言游戏之基础的那些世界-图景的片段呈现的只是一种"前-知识"。如果这后来被冠之以"知识"之名——正如摩尔和一些其他哲学家想要做的那样,那么它的概念特征仍然十分不同于那些我们在与认知词汇有关的日常语言游戏中对其使用"知识"这一名称的东西。维特根斯坦的"建筑工人"**不能说他们知道**这些是建筑用石(板石、柱石,等等),然而**别人可以说**他们在知道如何玩这个游戏(《论确定性》第396节)时**知道这些**。维特根斯坦问道:"孩子相信牛奶存在吗?或者他知道牛奶存在?猫知道老鼠存在吗?"(《论确定性》第478节)以及:"我们是该说'物理对象存在'这个知识是很早就出现,还是很晚才出现的?"(《论确定性》第479节)这些问题的答案可以是"是的",也可以是"不是的"——取决于我们如何理解它们。

八

考虑一下语言游戏的教和学，构成语言使用之基础的某个世界-图景的片段最初和严格说来根本不是**命题**。前-知识并不是命题知识。但如果这个基础不是命题知识，那么它**是**什么呢？人们可以说它是一种**实践**（praxis）。"但是，给出理由，为语言游戏辩护，都是有一个终点的。——不过这个终点并不是某些命题直接让我们将它们视为是真的，因此位于语言游戏的根基处的并不是我们的一种**看**，而是我们的**行动**。"（《论确定性》第 204 节，参照第 110、229 节）维特根斯坦引用了浮士德的话："太初有为。"（《论确定性》第 402 节）

比如，该如何显示出我并不怀疑我有一个身体以及这是我在摩尔的意义上确定知道的东西？并不在于我说或者思考**这个**。而在于我所说、所做以及不去做的无数的事情。比如抱怨自己的头痛或腿痛，避免与其他人的身体碰撞，不把手伸到火里，不从窗户里跳出去（就好像没有什么可以伤害我似的）。正是在我的行为的这些确定性的框架中，我学会了我的身体的部分的名称，学会了各种身体感觉，也学会了"身体"这个词。在这个框架内，我获得了各种词语在语言游戏中所标记的那些概念。但是为了我的行为能被描述成某种类型的行为，它必须用语言游戏的概念本身来解释。因此，在这层意义上，人们可以说位于语言游戏根基处的**实践**是一种**前-实践**，而不是成熟的**行为**。

九

在其"实践的"前-命题阶段，世界-图景也可以被称为**生活形式**。"我的生活表明了我知道或者确定那里有一把椅子、一扇门，等等"（《论确定性》第 7 节）。维特根斯坦说："我不想把这种确定性视为某种类似轻率或肤浅的东西，而是（一种）生活形式。"（《论确定性》第 358 节）

因此一种世界-图景既不是真的，也不是假的（参照第 162、205 节）。关于真的争论只有在这个框架内才是可能的。其前提是争论者共有相同的文化，玩着**相同的**语言游戏。比如，他们必须用他们使用的词语**意谓**相同的东西。但意义的相同或不同也只有在关于事实的一定的一致性已经存在的情况下才是可能的。（参照第 114、126、306、456、486、506、507、523、614 节）

有一些这种前提失效或未被满足的典型例子。一个例子就是某人去否定或怀疑共同体中的其他大部分人的世界-图景的某个部分。于是人们经常会说这个人是精神错乱了，而不是说他错了（参照第 71、72、73 节，以及 155、156 节）。比如，如果一个人真诚地怀疑世界在他出生之前的存在，并且在他全部所做所说中表现出这种怀疑，那么我们该怎么说他呢？我们可能会说他的荒谬就在于我们无法教他历史。（见第 206 节。）他无法参与我们的生活的所有形式。但是我们可以设想一些情境，在这里，我们会承认这并不是一种"精神缺陷"，而是由于一种"文化"的差异。"为什么一个国王不应该被教育去相信世界是和他一起开始的呢？如果摩尔和这个国王碰面讨论，摩尔真的能证明他的信念是对的吗？"(《论确定性》第 92 节）摩尔或许可以让国王接受他的看法，让国王以一种新的方式看待世界。这将会借助一种**劝说**而发生（《论确定性》第 262 节），而且不会是让国王确信他错了。（还可以参照第 608 至 612 节。）于是我们并不是在纠正他的观点，而是在与他的世界-图景做斗争。

当我们回头去看那些被打败的世界-图景的时候，我们很容易不公正地对待它们。我们将它们视为是"原始的"或者"迷信的"。我们认为这种变化是从黑暗到光明的过渡。这经常是一种不公正的判断。[1] 但是，另一方面，我们必须认识到世界-图景在历史进程中发生改变的各种**理由**。维特根斯坦说简单性和对称性就是这样的理由（《论确定性》第 92 节）。另一类型的理由，按照我的建议，就是对知识之使用的不同兴趣。

---

[1] 在《关于弗雷泽的〈金枝〉的评论》中，维特根斯坦想要表明"文明"人对"原始"文化做出的那种评价有多么的肤浅和愚蠢，如果他们不去考虑世界-图景和生活形式中的**基本**差别的话。

十

对于社会科学而言，在我看来，维特根斯坦对世界-图景这个概念的角色的研究有着有趣的应用。

在他那本颇具影响力并备受赞扬的《科学革命的结构》[1]中，库恩（T. S. Kuhn）主张常规科学是在一个被他称之为**范式**的框架内开展的。这些被接受的范式为科学研究设定了问题的框架，决定了可能的答案的范围。部分地由于科学知识体的增长，这些范式会倾向于"用坏"，无法胜任它们的角色。科学中的"革命"就在于抛弃既定的范式，接受新的范式。这是对维特根斯坦关于世界-图景的角色的看法的一个很好的说明。但是，比起库恩对其的阐述，这种说明需要更多的阐述。[2] 其中的一种阐述让我们去考虑自然科学和人的科学的区别。

---

[1] 库恩，《科学革命的结构》，芝加哥大学出版社，芝加哥，1962 年。
[2] 库恩在其著作中相当切题地提到了维特根斯坦，尽管基于明显的理由他提到的并不是我们在这里考察的维特根斯坦后期作品。

即使自然科学并不是人们有时（且传统地）认为的那种统一地增长的知识体，但看起来它仍然在任何时候都基本上是一个范式体。仅仅通过长时间的危机，比如文艺复兴时代后期和巴洛克时代从亚里士多德到伽利略物理学的转变，这种统一性才会短暂地失去。但这是否也适用于社会科学或者所谓的人文科学（Geisteswissenschaften）？也许它们的历史太短了，以至于不能给出一个确定的判断。库恩似乎认为社会科学并未达到这样一个阶段，在这个阶段，范式被足够清晰地表达出来，使得范式之间的对抗成为可能。不过我不确定他是不是对的，以及他是不是可以说是从错误的方向来看待这些范式。按照我的建议，社会科学的范式最后是被政治和社会的**意识形态**所设立的。有时意识形态试图将它们的影响力拓展到自然科学的范式性背景中。但在这里意识形态的影响并不是那么深远。尽管有列宁对马赫的批评，但对于相对论来说，并不存在真正的马克思主义的替代项。对于孟德尔遗传学来说，也没有什么重要的马克思主义的替代项。

但我会说确实**存在**资产阶级的和马克思主义的经济学或社会学。它们在评价上是不同的这个说法并不正确。评价并不位于一种社会科学的**内部**，不管是"资本主义"的还是"马克思主义"的。这就是包含在马克斯·韦伯价值自由（Wertfreiheit）的著名假设中的真理。但是，关于什么构成了社会现实及社会变化的条件是什么，不同类型的社会科学的范式性观念是不同的。这些范式中的不同可能可以被追溯到利益（评价）的不同，以及对这些利益的表达（并形成意识形态）的不同。因此，利益间的斗争是影响人们从一种类型的社会科学转向另一种类型的因素，或者是让人们急于捍卫一种社会科学并反对另一种的因素。

图书在版编目（CIP）数据

论确定性 /（奥）路德维希·维特根斯坦著；楼巍译. -- 上海：上海文艺出版社，2024（2025.9重印）. --（艺文志）.
ISBN 978-7-5321-9122-2

Ⅰ．B017

中国国家版本馆CIP数据核字第20244ZY876号

发 行 人：毕　胜
策划编辑：肖海鸥
责任编辑：肖海鸥
封面设计：周安迪
内文制作：常　亭

书　　名：论确定性
作　　者：[奥] 路德维希·维特根斯坦
译　　者：楼巍
出　　版：上海世纪出版集团　　上海文艺出版社
地　　址：上海市闵行区号景路159弄A座2楼 201101
发　　行：上海文艺出版社发行中心
　　　　　上海市闵行区号景路159弄A座206室 201101 www.ewen.co
印　　刷：苏州市越洋印刷有限公司
开　　本：1092×787 1/32
印　　张：7.625
插　　页：5
字　　数：101,000
印　　数：8,001-11,100册
印　　次：2024年12月第1版 2025年9月第2次印刷
Ｉ Ｓ Ｂ Ｎ：978-7-5321-9122-2/B.116
定　　价：58.00元
告 读 者：如发现本书有质量问题请与印刷厂质量科联系　T: 0512-6818062